Elisa Diallo

Französisch verlernen

Mein Weg nach Deutschland

Aus dem Französischen
von Isabel Kupski

BERENBERG

Meiner Mutter

Vorwort

Am 15. Juni 2020 fuhr ich zum ersten Mal nach sechs Monaten wieder nach Paris, zuletzt war ich wie üblich an Weihnachten dort gewesen. Danach hatte ich keine Zeit gehabt, dann kam Corona nach Europa, und Mitte März wurden die Grenzen geschlossen. Sie blieben drei Monate geschlossen, zumindest symbolisch, und es wurden drei lange Monate. Als ich dann am 15. Juni an der Gare de l'Est aus dem Zug stieg, war ich emotional aufgewühlt, ähnlich aufgewühlt wie die drei Monate zuvor, als ich nicht wusste, wie lange dieser Zustand anhalten würde, und ich Angst hatte, dass die Welt den Verstand verlieren und sich hinter einem finsteren aggressiven Nationalismus verschanzen könnte. Vor allem aber hatte ich Angst, meine Angehörigen nicht besuchen zu können, falls einer von ihnen krank wurde. Alles in allem war ich in dieser ganzen Zeit ziemlich durcheinander. Aber als ich dann aus dem Bahnhof trat und Paris vor mir sah, war ich absolut euphorisch, ich schlenderte durch das Sentier-Viertel, das Marais, durch die Straßen an der Place de la République, alles kulturell und sozial durchmischte Viertel, Paris zeigte sich mir von der schönsten Seite. Das Wetter war herrlich, es war deutlich weniger Verkehr, und die Cafétische hatte man bis auf die Straßen gestellt. Die Schönheit, der Zauber und die Diversität dieser Stadt überwältigten mich. Ich sah Paris mit den Augen einer Touristin, einer Fremden, und zum ersten Mal verstand ich, dass man der Illusion einer multikulturellen Gesellschaft frei von Rassismus erliegen musste, wenn man von Frankreich nur Paris kannte.

Aber das Sentier-Viertel ist nicht Paris, und Paris ist nicht Frankreich.

Als dieses Buch 2019 in Frankreich erschien, waren die französischen Leser genauso erstaunt wie die deutschen (die das Buch auf Französisch gelesen hatten), dass ich den Rassismus in Frankreich, wo ich groß geworden bin, dermaßen anprangerte und mit Deutschland so nachsichtig war. Ich gehe von meinen persönlichen Erfahrungen aus und kann mit dem gängigen Gegensatz von Frankreich und Deutschland nichts anfangen, in meinen Augen ist Frankreich nicht divers und hat nicht mit dem Rassismus aufgeräumt, und in Deutschland leben nicht nur Weiße und Nazis. Vielleicht habe ich mein Buch auch deswegen geschrieben, um endlich mit dem Mythos dieses Gegensatzes aufzuräumen. Als ich im Sommer 2018 daran arbeitete, war ich seit einem Jahr deutsche Staatsbürgerin. Auch zwei Jahre danach, im Herbst 2020, halte ich an meiner Meinung fest, dass Frankreich noch weit davon entfernt ist, seinen Rassismus überwunden zu haben. Jeder Nicht-Weiße, der in Frankreich zur Schule gegangen ist, kann das bestätigen. Aber im Gegensatz zu Deutschland ist Frankreich blind gegenüber dem eigenen Rassismus. In Frankreich ist Rassismus tabu, weil die Franzosen einerseits behaupten, er gehöre der Vergangenheit an, und sie andererseits am Ideal der Gleichheit aller vor dem Gesetz festhalten. Sie sind überzeugt, dass Frankreich aus vielen Nationen besteht und alle Menschen gleich sind, es ist also alles gut, es gibt nichts zu beanstanden. Ich denke allerdings, dass wir es hier nicht mit einem blinden oder naiven Glauben zu tun haben, dieses Tabu ist vielmehr eine politische Strategie, eine ideologische Bremse, es soll verhindert werden, dass man sich ernsthaft mit dem Rassismus in Politik und Gesellschaft befasst.

In Deutschland ist das Gegenteil der Fall, die deutsche Gesellschaft hält sich nicht für besonders multikulturell. Das ist natürlich genauso fatal, da eine homogene weiße Mehrheit mit demselben Wertekatalog die Probleme der nichtweißen Minderheit nicht ernst nimmt. Ich will Deutschland nicht besser dastehen lassen, indem ich dem Land mehr Pluspunkte gebe als Frankeich. Ich bin nicht in Deutschland groß geworden, Rassismus habe ich in Deutschland erst als Erwachsene kennengelernt, zudem als privilegierte Erwachsene mit einer gewissen Bildung, daher habe ich zum deutschen Rassismus eine innere Distanz. Außerdem sind zu viele meiner deutschen Freunde in der antirassistischen Debatte engagiert, um zu behaupten, es gebe hierzulande keine Ungerechtigkeiten gegenüber Minderheiten. Es ist nur so, dass ich nicht glaube, dass das Gras auf der anderen Seite, egal auf welcher, grüner ist. In den letzten beiden Jahren haben sich einige meiner schwarzen Freunde entschlossen, woanders zu leben, ein Pariser Freund lebt jetzt in London, eine Londoner Freundin ist nach Berlin gegangen, Freunde aus Frankfurt leben neuerdings in Barcelona, manch einer hat Berlin verlassen, um in Tel Aviv zu leben. Alle wollten sich nicht mehr fremd im eigenen Land fühlen. Denn Rassismus gibt es überall, und überall ist er ähnlich, abgesehen von ein paar Abweichungen, die historisch begründet sind. Seit dem Mord an George Floyd demonstrieren überall auf der Welt immer mehr Menschen gegen Rassismus, was bedeutet, dass überall auf der Welt Menschen leben, die unter Rassismus leiden und dagegen aufbegehren.

Vergleiche ich Frankreich, Deutschland und die Niederlande, Länder, die ich kenne, weil ich dort gelebt habe und zum Teil noch lebe, scheint mir Deutschland das Land zu sein, dass noch am ehesten den antirassistischen Kampf gewinnen kann. Rassismus ist kein marginales Phänomen, das nur eine Minderheit betrifft. Auch in Deutschland wächst der Gegendruck. Aber im Gegensatz zu Frankreich und den Niederlanden werden in Deutschland antirassistische Stimmen zumindest gehört und werden sogar mit jedem Tag lauter.

Im Sommer 2018 war ich vielleicht beunruhigt, aber nicht pessimistisch. Nicht umsonst habe ich mein Buch mit den Worten beendet, dass ich an ein multikulturelles Deutschland glaube und überzeugt bin, dass Deutschland den Rassismus besiegen wird. Ich gehe nach wie vor die Wette ein, dass es gelingt, und auch wenn ich 2020 vielleicht etwas skeptischer bin, glaube ich daran.

Mannheim, Oktober 2020

Ausgangspunkt

Im Juni 2017 wurde ich Deutsche. Ich habe mich zu diesem Schritt entschlossen, weil sich die Möglichkeit ergab, und weil es vergleichsweise einfach war. Seit acht Jahren lebte ich in Deutschland, und ich fühlte mich als Europäerin. Ich hätte es Jahre früher tun können, oder woanders, Niederländerin in Holland werden, wo ich zuvor mehr als elf Jahre gelebt hatte. Bis dahin hatte ich nie das Bedürfnis verspürt, und vor allem war ich mir sicher, ich könnte nie eine andere Nationalität annehmen, indem ich die meiner Geburt ablegte. Ich zahle meine Steuern in Deutschland, eigentlich sollte ich auch in diesem Land wählen können, sagte ich mir oft. Wenn man mir jedoch antwortete: »Du brauchst nur die deutsche Staatsbürgerschaft anzunehmen«, erwiderte ich: »Unmöglich. Meinen französischen Pass abgeben? Kommt nicht in Frage.« Punkt aus. Warum »kommt nicht in Frage«? Weil ich mich Frankreich verbunden fühlte, meinem Geburtsland, in dem ich aufgewachsen war, das mich geprägt hatte. Die Tatsache, keinen französischen Pass zu besitzen, hätte allerdings nichts an dieser Verbundenheit geändert, ich würde weder meine französischen Erinnerungen verlieren noch die Kultur meiner Herkunft. Alles, was ich gelernt hatte, gehört, rezitiert, gesungen, die Musik, zu der ich getanzt hatte, alles, was mich zum Lachen gebracht oder mich aufgewühlt hatte, all meine Prägungen und die Menschen, mit denen ich sie teilte, und vor allem, ja vor allem die Sprache, meine Sprache, zu der ich vom ersten Moment an ein inniges, symbiotisches Verhältnis hatte, alles, was ich gelesen und geschrieben hatte: all das hatte nichts mit einem Pass zu tun.

Und dennoch war für mich die schlichte Tatsache, dass ich den Pass notfalls nicht mehr mit Drohgebärde schwenken könnte, um jeden Zweifel, jede Infragestellung meines »Französischseins« ein für alle Mal aus dem Weg zu räumen, undenkbar, ja schwindelerregend. Als würde ich mitten im Kampf die Waffen strecken und mich verunstalten lassen. Was mich abhielt, war weder meine tiefe Verbundenheit mit dem Land noch ein Gefühl von Loyalität oder Patriotismus. Was mich an meinen französischen Papieren festhalten ließ, war letztlich Angst und die Frage der Rechtmäßigkeit – ein Problem, das sicher viele Franzosen mit einem Erbe wie dem meinen teilen, all die mit sogenanntem »Migrationshintergrund«, und besonders jene, die regelmäßig mit der subtilen Hinterfragung ihrer nationalen Zugehörigkeit konfrontiert sind, weil man ihnen ihre Herkunft auf Anhieb ansieht. Sind Franzosen mit afrikanischen Eltern in der Lage, ohne Zögern zu sagen: »Ich bin Franzose«? Ohne den kleinsten Vorbehalt, ohne ein leichtes Erzittern der Seele in dem kurzen Moment, in dem man erwartet, dass Widerspruch kommt oder zumindest Fragen? Das hoffe ich, aber ich bezweifle es, vielleicht täusche ich mich ja.

Ich bin mir dieses Unbehagens relativ spät, erst nach einigen Jahren im Ausland, bewusst geworden, und zwar in dem Moment, als ich anfing, mich von meiner französischen Identität zu lösen, da lebte ich schon mein halbes Leben nicht mehr in Frankreich. Erst als mich die Frage der nationalen Zugehörigkeit nicht mehr so beherrschte, dämmerte mir, wie sehr ich, fast besessen, schon immer an ihr festgehalten hatte.

Dieses Unbehagen verwandelte sich im Zuge des Brexits und des französischen Präsidentschaftswahlkampfes 2017 in Panik, zu einer Zeit, als es nicht mehr völlig abwegig schien, dass die extreme Rechte an die Macht kam. Es handelte sich zunächst um eine unbestimmte Unruhe, der ich mir erst bewusst wurde, als ich begriff, dass ich sie schon lange mit mir herumtrug. Ich konnte es nicht klar benennen, aber was mich im Innersten seit dem aufkommenden Populismus in Frankreich, England sowie überall in Europa beunruhigte, war die Möglichkeit, jemand könnte eines Tages in Betracht ziehen, mich aus Frankreich auszuweisen. Als Kind von Immigranten, wenn auch nur über ein Elternteil, gehörst du nicht mehr zu uns, was natürlich stillschweigend bedeutet, dass du nie dazugehört hast – so klang die Botschaft.

Schon das französische Gesetz zur Verwirkung der Staatsbürgerschaft vom Dezember 2015, mit dem die Möglichkeit zur Ausweisung aus Frankreich auch auf Menschen mit Migrationshintergrund ausgeweitet wurde, die schon seit ihrer Geburt in Frankreich lebten, hatte mich erschüttert. Zunächst konnte ich es einfach nicht glauben, aber dann kochte die Wut in mir hoch. Zu dieser Zeit fühlte ich mich sehr allein, denn keiner meiner Angehörigen teilte mein Entsetzen. In meinen Augen war das ein unverzeihlicher Verrat der damaligen sozialistischen Regierung unter François Hollande (in dieser Zeit schwor ich mir wütend, nie wieder die Sozialistische Partei zu wählen). All jene, so dachte ich, die wie ich seit jeher ahnten, dass ihre Zugehörigkeit zu Frankreich jederzeit in Frage gestellt werden könnte, mussten diesen symbolischen Schritt (dass er symbolisch zu verstehen war, darin waren sich alle einig) als Bestätigung ihrer Zweifel interpretieren. Es gibt eben die wahren Franzosen, und es gibt die anderen, die auf Bewährung da sind und vom guten Willen des Staates abhängen, der sich wiederum dem »Volk« mit seinen Launen und Befindlichkeiten beugt. Nach dem Erlass dieses Gesetzes schien mir plötzlich alles möglich.

Es lag zweifellos an dieser Mischung aus Angst und Wut, dass in mir der Wunsch reifte, mich einer anderen Zugehörigkeit zu vergewissern – sozusagen einer Back-up-Identität. Beim französischen Generalkonsulat in Frankfurt, wo ich zu jener Zeit meinen französischen Pass verlängert hatte, erfuhr ich rein zufällig, dass ich problemlos zwei europäische Staatsangehörigkeiten besitzen könnte, die deutsche und die französische. Das deutsche Gesetz erlaubte seit 2014 die doppelte Staatsbürgerschaft. Diese gute Nachricht war an mir vorbeigegangen. Ein Geschenk des Himmels. Ich wollte nicht gleich deutsche Staatsbürgerin werden, aber nach und nach kamen mein emotionales und mein rationales Ich zu demselben Schluss. Schließlich machte ich den Schritt, getrieben von der Angst, ganz ohne Zugehörigkeit dazustehen, und von der Gewissheit, damit nichts zu verlieren. Ich überschritt eine Linie, die zu überschreiten mir lange unmöglich erschienen war, um am Ende eine andere Nationalität anzunehmen als die, die man mir vererbt hatte.

Es war eine Ironie der Geschichte, dass mir 2017, gerade einmal siebzig Jahre nach der Nazi-Katastrophe, Deutschland als das einzige Land erschien, zumindest in Europa, in dem ich als schwarze Tochter eines Immigranten ohne Angst leben konnte. Was hätten wohl meine Großeltern dazu gesagt? Sie und auch meine Mutter waren der Meinung, dass sich Deutschland noch immer von seinem Nazi-Fieber und seinem Rassismus erholte, wenn nicht bis in alle Ewigkeit, so doch für die nächsten Generationen. Die neuen Deutschen, so hieß es, seien gewiss korrekte Leute, aber reichte das, um für die Demokratie und eine multikulturelle Gesellschaft eine Lanze zu brechen? Bis dahin sei es noch ein weiter Weg, ein sehr weiter. Frankreich dagegen, das sei das Land der Menschenrechte, eine integrierende Nation, gefeit vor Rassismus, wenigstens seit dem Ende des Kolonialismus. Das Land, in dem (im Gegensatz zu Deutschland!) alle innerhalb seiner Grenzen geborenen Menschen dazugehören, das Land der republikanischen Idee, für die es weder Hautfarbe noch Unterschiede gibt. Ein Land, in dem es jedem Migranten gut ergehen soll, jedenfalls genauso gut wie jedem gebürtigen Franzosen. Ich übertreibe vielleicht, aber nicht sehr.

Selbstkritik ist in Frankreich eine Seltenheit. Hingegen gehörte eine gewisse Bescheidenheit der meisten Deutschen gegenüber eigenen nationalen Mythen zu den ersten Dingen, die mir ihr Land sympathisch machten. Das würde gerade noch fehlen, dass sie auf ihre Vergangenheit auch noch stolz sind, die Deutschen – so denken viele Franzosen. Vielleicht, aber der naive Chauvinismus meiner französischen Mitbürger hat mich immer geärgert, und ich war sofort empfänglich für die deutsche Zurückhaltung in Sachen Patriotismus.

Und dennoch, dieses Deutschland ... Ich lebte schon seit drei Jahren in München, als eine alte Freundin an meinem Hochzeitstag in ihrer Brautrede scherzte: »Wenn man mir das damals gesagt hätte ...« Sie rief unsere Deutschstunden im Gymnasium in Erinnerung, wie unglaublich absurd es uns Heranwachsenden erschien, die wir cool und eher mittelmäßig in der Schule sein wollten, diese schreckliche Sprache mit ihrer unverschämt schwierigen Grammatik zu lernen.

Sie erinnerte sich auch an meinen deutsch-französischen Schüleraustausch, als ich fünfzehn war, von dem ich nur Schreckliches zu berichten hatte. Zwei Wochen lang – oder doch nur eine? – war ich in Schweinfurt gewesen, einer Provinzstadt zwischen München und Frankfurt. Das war im Juni 1991. Ich erinnere mich so gut an den Zeitpunkt, weil mein Aufenthalt in Deutschland mit einem der spektakulärsten Streiks der Kohl-Ära zusammenfiel. Aber nicht der Streik war der Grund, dass alles so schrecklich war in Deutschland, sondern die Tatsache, dass alles geschlossen war, die Museen, sogar das Schwimmbad, und dass die öffentlichen Verkehrsmittel nicht funktionierten, kam auch nicht gerade gelegen.

Noch Jahre später – und manchmal tue ich es noch heute – fasste ich die Absurdität meines Deutschlandaufenthaltes so zusammen: In dieser westdeutschen Stadt mit 50 000 Einwohnern etwas mehr als eine Fahrstunde von Frankfurt entfernt, blieben die Menschen auf der Straße stehen, um mich anzustarren. Ich kannte nur Paris und habe mich dort immer zu Hause gefühlt, als eine unter anderen. Hier war ich plötzlich so etwas wie ein Schaubudenphänomen, nur weil ich nicht weiß war, und das verunsicherte mich dann doch. Ich hatte nur eine Grenze passiert, aber mir schien, ich sei in einer anderen Epoche gelandet, in einer Zeit, in der in Europa jeder weiß war und die Schwarzen der Kolonien nur auf Abbildungen existierten. Vom ersten Abend an weinte ich jedes Mal, wenn ich mit meiner Mutter telefonierte, und ich hoffte inständig, dass sie verstand, wie sehr mich diese Erfahrung demütigte, und meinen Aufenthalt abkürzen würde.

Es waren ja nicht nur die Blicke Unbekannter auf der Straße. Da war auch die Mutter meiner Gastfamilie, die bei unserer ersten Begegnung ausrief: »Für eine Schwarze bist du eigentlich ganz hübsch!« Und da war die ungefähr fünfjährige Tochter, die mir ihre schwarze Barbiepuppe mit den Worten hinhielt: »Du bist eine Negerin, du spielst mit der Negerpuppe.« Ich kannte dieses Wort nur vom Hörensagen, wie die Vokabel einer toten Sprache. Noch nie hatte ich es »in echt« aus dem Mund eines direkten Gegenübers gehört. Ich war baff und drauf und dran, die versteckte Kamera zu suchen, die mir diesen absurden Dialog erklärt hätte. Dann war da die Nachbarin, die uns manchmal in die Stadt mitnahm, weil der Linienbus mal wieder nicht fuhr. Sie war abweisend – das passiert –, aber nur mir gegenüber. Sie rauchte im Auto, und weil mir davon schlecht wurde, hatte ich das Fenster heruntergekurbelt; daraufhin hielt sie an, lief ums Auto, öffnete wütend meine Tür und kurbelte wortlos das Fenster wieder hoch. Ich war den Rest des Tages wie gelähmt.

Mir waren die zweideutigen Witze und kleinen Anspielungen auf meine Hautfarbe und mein »Anderssein« seit jeher bekannt, aber nie zuvor war ich so offen rassistischen Anfeindungen ausgesetzt gewesen. In meiner Vorstellung war ganz Deutschland so: rassistisch, provinziell, ganz einfach hinterher. Ich hatte mir geschworen, nie wieder einen Fuß hierhin zu setzen. Bis in die 1990er Jahre war es leicht, Deutschland zu verachten. Für uns junge Pariser war es das uncoolste Reiseziel der Welt. Für mich war es vor allem Feindesland. Meine guineischen Cousinen und Cousins, wie überhaupt alle Afrikaner, scherzten, man könne Deutschland ruhig auf den Frankfurter Flughafen beschränken und den Rest gerne von der Landkarte streichen, dort lebten eh nur Nazis.

Heute reden sie ganz anders.

Zuallererst weil sich Deutschland verändert hat. Die Leute, denen ich 1991 in den Schweinfurter Straßen begegnet bin, sind heute überwiegend alt. Ihnen folgte eine neue Generation, die Deutschland ein komplett anderes Gesicht verliehen hat. Deutschland hat sich innerhalb der letzten fünfundzwanzig Jahre mehr verändert als Frankreich. Vielleicht ist dieser Eindruck subjektiv, aber ich glaube, Deutschland ist jünger geworden. Als das Land 2008 wieder in mein Blickfeld rückte, war ich sehr angetan, damals lebte ich noch in den Niederlanden. Berlin war mittlerweile die sexyste Stadt der Welt, dort fühlte ich mich überall wohl, und auch wenn es auf den Straßen weniger Schwarze als in Paris gab, waren sie im deutschen Fernsehen entschieden stärker vertreten als im französischen.

Zu jener Zeit lebte ich seit über zehn Jahren in Amsterdam, wo die Stimmung immer mehr kippte. Mir wurde zunehmend klar, dass ich meinen Sohn dort nicht großziehen konnte. Die Populisten gewannen Sitze im Parlament und hatten nur ein Thema: die nationale Identität und natürlich die Einwanderung. Man muss schon hart im Nehmen sein, wenn man Geert Wilders über Islam, Muslime und Niederländer besonders marokkanischer Herkunft reden hört. Zu jener Zeit um 2008 traute ich oft meinen Ohren nicht. Gleichzeitig wunderte ich mich, dass sich nur wenige zu seinen Standpunkten äußerten und widersprachen. Heute gehören seine Reden von damals zum Mainstream, aber 2008 war Wilders für mich ein Verrückter, und das Schweigen, mit dem die Leute aus meinem Umfeld diesen Wahnsinn quittierten, war für mich nur in Holland vorstellbar. Immer öfter, vielleicht auch aus dem Kontrast heraus, erschien mir Deutschland als eine logische Alternative. Ich konnte die deutsche Presse nicht verfolgen, weil ich kein Deutsch sprach, aber mir erschienen die politischen Diskussionen zivilisierter als in Holland oder Frankreich. Wenn ich meinen deutschen Freunden die niederländische politische Situation beschrieb oder vom Erstarken des Front National in Frankreich berichtete, waren sie erschüttert, als ob sie so etwas in Deutschland für unmöglich hielten. Je öfter ich Deutschen begegnete, und je öfter ich mit ihnen die europäische Politik diskutierte, desto klarer wurde mir die Besonderheit Deutschlands. Die Deutschen waren so sehr von ihrer Nazi-Vergangenheit traumatisiert, dass sie nicht Gefahr liefen, dem je wieder auf den Leim zu gehen.

Im Gegenzug dazu schien sich in den 2000er Jahren überall sonst die Büchse der Pandora zu öffnen, und heute, über zehn Jahre später, scheint alles möglich zu sein. Wenn meine guineischen Cousinen und Cousins Deutschland nicht mehr verteufeln, dann nicht nur, weil sich Deutschland zum Besseren verändert, sondern weil sich der Rest Europas zum Schlechteren gewandelt hat. Ich habe Frankreich und Holland hautnah erlebt, ich habe beschlossen, dort nicht mehr zu leben. Aber die anderen europäischen Länder, die ich aus der Ferne beobachte, finde ich auch nicht besser. Sie scheinen alle von ein und derselben Sache besessen zu sein: der nationalen Identität, der Immigration. Man spricht schon gar nicht mehr von Immigration, sondern vom »Problem Immigration«. Unmöglich, das Wort »Problem« wegzulassen. Man spricht zudem von fast nichts anderem mehr als von Flüchtlingen, Immigranten, Muslimen – all jenen, die Europa nicht haben will. Unwichtig, dass es sich hierbei um eine kleine Minderheit handelt, dass Europa einer der wohlhabendsten Kontinente der Welt ist, dass sich seine Bevölkerung auf etwas mehr als 500 Millionen Einwohner beläuft und es daher absurd erscheint, dass diese Bevölkerung 2015 ernsthaft Angst vor drei Millionen Flüchtlingen hat. Als würde sich eine Gruppe von fünfhundert Personen vor dem Eintreffen drei neuer Menschen fürchten. Das Problem ist nicht die Anzahl der Flüchtlinge. Nur zwei pro Monat wären schon zwei zu viel. Deutschland hat auf dem Höhepunkt der »Flüchtlingskrise« ein positives Zeichen gesetzt. Für ein so reiches Land kam es nicht in Frage, Menschen in Not nicht aufzunehmen. Und wenn es sich um Muslime handelte! Die ganze Welt hat das »Wir schaffen das« der deutschen Kanzlerin vernommen. Angela Merkel hatte diese Worte anlässlich einer Pressekonferenz, auf der sie viel anderes gesagt hat, ganz spontan geäußert, aber diese Aussage war so bedeutsam, dass sie in den südlichen Ländern plötzlich zur populärsten westlichen Politikerin wurde. Um es ganz konkret mit Frankreich zu vergleichen, das sich für ein gastfreundliches Land hält: Mannheim, wo ich lebe, hat 2015 vierzehntausend Flüchtlinge, vor allem Syrer, aufgenommen. Die Stadt hat dreihunderttausend Einwohner. Im selben Jahr hat der französische Präsident François Hollande sich einverstanden erklärt, dreißigtausend Flüchtlinge aufzunehmen. Ich spreche nicht von Bordeaux, das so viele Einwohner wie Mannheim hat. Nein, ich spreche von Frankreich, einem (reichen) Land mit siebzig Millionen Einwohnern.

Etwas verkürzt gesagt hatte ich schon immer die leise Ahnung, dass es ein Feingefühl des »Südens« gibt, dem sich die Nicht-Weißen dieser Welt mehr oder weniger verbunden fühlen, also all jene, die die Europäer zu den Nicht-Weißen zählen. Eine Kategorie, die sich abhängig von Zeit und kollektivem Bewusstsein wandelt. Aufgrund dieses Feingefühls nehmen wir am Schicksal der Flüchtlinge aus den arabischen Ländern teil, und wenn eine europäische Regierung beschließt, ihnen die Tür zu öffnen, fühlen wir uns gleichermaßen alle willkommen. Legt man diese Hypothese zugrunde, ist das Gegenteil dieser großen Solidarität leicht vorstellbar. Ich fühlte mich persönlich verraten, als Emmanuel Macron der mit Flüchtlingen aus dem Mittelmeer überfüllten *Aquarius* untersagte, in Frankreich anzulegen. Mir, und ich bin sicher, das gilt auch für alle Migranten in Frankreich sowie für die Kinder von Migranten, fehlten die Worte, um meiner Enttäuschung und meiner Wut Ausdruck zu verleihen. Ich fühlte mich persönlich zurückgewiesen. Aber das Schlimmste war, dass, abgesehen von ein paar Kommentaren in der linken Presse, das Leben wie gewohnt weiterging, als wäre nichts geschehen. Unnötig zu erwähnen, dass die Menschen in meinem Umfeld fast ausschließlich weiß sind (oder vielmehr sich als weiß verstehen). Aber auch für mich ging offensichtlich das Leben weiter, als wäre nichts geschehen, dasselbe galt für meine guineischen Cousinen und Cousins oder meine wenigen Freunde afrikanischen Ursprungs. Ich glaube, dass für viele Franzosen mit Migrationshintergrund, selbst für jene, die sehr erfolgreich geworden sind, in dem Moment etwas zerbrach. Ich kann nur für mich sprechen, aber was mich betrifft, hat die Angst die Oberhand über meinen Optimismus und meinen Glauben an die Zukunft gewonnen.

Ich glaube nicht mehr an ein Happy End. Als Kind und Jugendliche in den 1980er Jahren sah für mich die Zukunft wie folgt aus: Die guten Kräfte würden den bedeutungslos gewordenen und zur Auslöschung bestimmten bösen Kräften ins Gesicht lachen. Grenzen würden verschwinden, Rassismus wäre eine Sache der Alten, denen man keine Beachtung mehr schenkt. Die Zukunft gehörte den Aktivisten mit dem Sticker »Touche pas à mon pote!«* oder all den anderen, die insgeheim genauso dachten. Es stimmt, dass ich mich nicht wohl fühlte, wenn man mich fragte, woher ich kam, woher ich denn wirklich stammte. Auch wenn es mir nicht ganz bewusst war, dieses Unwohlsein war der Ausdruck meines Gefühls, nicht wirklich »dazuzugehören«. Nicht wie alle anderen ein Recht auf meine *Heimat* (dt. im Original) zu haben. Aber ich spürte genauso deutlich, dass mein Fremdheitsgefühl mit der Zeit abnehmen würde. Heute, 2018, habe ich den Eindruck, dass »Touche pas à mon pote!« der Vergangenheit angehört und dass wir nicht wesentlich weitergekommen sind. Ich werde nie dazugehören; wir, die wir nicht weiß sind, werden immer Fremdkörper sein – in guten Zeiten geduldet, aber Sündenböcke, wenn Unzufriedenheit um sich greift. Nie wahrhaftige Bürger mit allen Rechten und Pflichten.

Ich weiß nicht, ob Deutsche zu werden und zugleich Französin zu bleiben, die Lösung ist. Unterm Strich gibt es gute Gründe, sich auch in Deutschland Sorgen um die Zukunft

* Mach meinen Kumpel nicht an

von Migranten und Kindern von Migranten zu machen. Die rechtsextreme AfD ist ins Parlament eingezogen. Angela Merkel wird mehr und mehr für ihr »Wir schaffen das« kritisiert. Nicht umsonst ist sie bei der Asylfrage in einigen Punkten zurückgerudert. Die Gesetze sind in den letzten Monaten strenger geworden. Trotzdem bleibt sie standhaft, und vor allem ist sie sehr wachsam, was die symbolische Bedeutung dieser Gesetze betrifft. Sie wird nicht müde zu betonen, dass nicht die Migration das größte Problem Europas ist und dass die Angst in keinem Verhältnis zur Herausforderung der Flüchtlingsfrage steht. Sie ist die Einzige in Europa, die diesen Standpunkt vertritt. Darüber hinaus sind die Deutschen darin geübt, über sich selbst nachzudenken und politische Symbole mit Vorsicht zu genießen. Auf jeden Fall ist sich Deutschland rassistischer Reflexe bewusst, den nationalen Mythos hat das Land so gut wie abgeschafft. Irgendwie fühle ich mich in Deutschland sicher, denn ich glaube, dass die extreme Rechte nicht wirklich an die Macht kommen wird. Mir scheint, dass die Frage der nationalen Identität in Deutschland viel rationaler behandelt wird als in Frankreich oder den Niederlanden, die meiner Meinung nach beide ein viel zu gutes Bild von sich haben und denen es an Demut mangelt. Wo gibt es in Frankreich außer an den Universitäten eine kritische Auseinandersetzung mit dem Mythos der nationalen Identität, der Geschichte des Kolonialismus oder dem gegenwärtigen Kolonialismus? In den Niederlanden ist der Kolonialismus regelrecht tabu. Der Staat weigert sich bis heute, sich bei den Indonesiern für die

Gräueltaten zu entschuldigen, die er an ihnen im Unabhängigkeitskrieg zwischen 1945 und 1949 verübt hat. Das ist ein Skandal. Freilich, es stört niemanden, bis auf die Indonesier – aber wen interessiert's? Ein Drittel der Amsterdamer sind keine gebürtigen Niederländer, sie stammen aus Marokko, der Türkei und vor allem aus den ehemaligen Kolonien Indonesien, Surinam und von den Antillen. Trotzdem feiert man jedes Jahr kurz vor Weihnachten in jeder Stadt, jedem Dorf Sankt Nikolaus mit einem Umzug, bei dem sich die weißen Niederländer als *Zwarte Piet* (Knecht Ruprecht) verkleiden und sich dafür schwarz anmalen. Es ist angeblich eine Tradition, und wehe ein monströser Barbar (Ausländer natürlich) wagt es, die niederländischen Kinder um dieses Vergnügen bringen zu wollen! Dabei reicht, im Gegensatz zu den meisten Traditionen, an denen man festhält, diese hier nicht einmal zwei Generationen zurück. Und welche Kinder sind überhaupt gemeint? Kinder mit krausem Haar und dunkler Haut, die nicht verstehen, dass man sich über ihre *Zwarte-Piet*-Verkleidung lustig macht? Denen entgegnet der Rest des Landes, egal welcher sozialen Schicht, fröhlich, sie seien ja nicht gemeint, und geben ihnen so zu verstehen, dass sie nicht zu denen gehören, die diese Pseudo-Tradition so lieben. Diese Kinder zählen nicht, man toleriert sie, aber sie haben keine Stimme. Aber wehe ein Staatsbürger kritisiert diese Tradition, der nicht waschechter Niederländer ist. Er wird es, ich komme noch darauf zurück, mit einer besonders widerwärtigen Form der Gewalt zu tun bekommen, mit der alten Kolonialgewalt jener Gesellschaften, die nie über ihren Platz in der Welt nachgedacht haben und nie ein für alle Mal mit der alten Plage des Rassismus, die an ihnen nagt, aufgeräumt haben. Zugegeben, über die Frage der Identität wird unaufhörlich diskutiert, aber für viele, die sich leidenschaftlich damit befassen, wird diese Diskussion nicht tiefgreifend und konstruktiv genug geführt. Es geht darum, sich vom anderen abzusetzen, indem man laut und deutlich behauptet, man sei ganz anders. Die europäischen Gesellschaften halten sich für fortschrittlich und maßen sich entsprechend das Recht an, mit dem Finger auf die sogenannten traditionellen »Kulturen« zu zeigen, aus denen die Migranten kommen. Wo bei Ausländern angeblich Aberglaube und religiös geprägtes Stammesdenken überwiegen, da halten wir uns für umso laizistischer und rationaler. Besonders was geschlechtliche Gleichberechtigung anbelangt, halten wir uns für fortschrittlicher, wohingegen der typische Migrant frauenfeindlich ist, was man daran erkennt, dass er Frauen nicht die Hand gibt und die verschleierte Frau nicht das Wort ergreift. Kurzum, unsere Diskussion, egal auf welchem Niveau sie staatfindet, dreht sich im Kreis, unsere Überlegungen greifen zu kurz, sind zu simpel, es ist eine Scheindiskussion, die uns daran hindert, uns weiterzuentwickeln.

Ich gebe zu, dass mich Angela Merkel 2015 beeindruckt hat. Davor hat sie mich nicht besonders interessiert. Und bis zu diesem einschneidenden Ereignis wäre ich nie auf die Idee gekommen, Deutschland gastfreundlich zu nennen. Mein Blick auf dieses Land hat sich in der Flüchtlingskrise komplett geändert, auch hinsichtlich meiner Stellung und Zukunft in diesem Land. Ich folgte den Debatten im Fernsehen, in denen Journalisten und Intellektuelle die positiven Seiten der Migration hervorhoben und die multikulturelle Gesellschaft Deutschlands feierten. Ich wurde Zeuge der Geburt einer euphorischen Diskussion zur Rolle Deutschlands in der Welt: eine starke Wirtschaft, eine der stabilsten Demokratien der Welt, ein gastfreundliches Land, das vielleicht einmal eine führende Rolle einnehmen und darin die USA überholen könnte. Zum ersten Mal, seitdem ich 2009 nach Deutschland gekommen war, fühlte ich mich als Mitglied dieser Gemeinschaft. Angela Merkel versetzte mich mehr ins Träumen als acht Jahre zuvor Barack Obama. Meine Kinder würden hier aufwachsen und sich wie ihre blonden Freunde diesem Land zugehörig fühlen, sie sind hier geboren und sprechen die Sprache. Und die Tatsache, eine Mutter zu haben, die in Frankreich, einen Großvater, der in Guinea geboren wurde, muslimische Cousinen und Cousins zu haben, werden sie als Reichtum verstehen, als etwas Schönes und Interessantes. Sie begreifen überhaupt nicht, dass man sich dafür schämen könnte.

Das ist ein Traum, wir sind weit davon entfernt. Mir gefällt es, Deutschland als Verheißungsland zu sehen, mein Alltag lässt mich jedoch oft daran zweifeln. Aber ich habe mich entschieden, diese Wette einzugehen und daran festzuhalten. Ich gebe zu, dass der allgemeine Rassismus hier besser auszuhalten ist als in Frankreich, weil ich hier weniger darunter leide. Es ist ein bisschen wie mit den Defiziten der eigenen Eltern, die einen peinlich berühren, wohingegen man sie bei anderen Eltern kaum wahrnimmt. Deutschland ist nicht das Elternteil, das mich zurückgewiesen hat, allerhöchstens eine alte Freundin der Familie, die mich aufgenommen hat und bei der ich ein und aus gehen kann, wann ich will. Erst mein freiwilliges Exil und der Abstand haben es mir ermöglicht, über die problematischen und schmerzlichen Familienbande nachzudenken, die mich seit jeher belasten. Paradoxerweise habe ich den Eindruck, mich von ihnen zu befreien, indem ich andere Verbindungen hinzufüge und damit meine Familienbande verkompliziere. Über die Jahre bin ich von der afrikanischen Immigrantentochter in Frankreich über die Ausländerin in den Niederlanden in Deutschland zur Deutschen mit europäischem Hintergrund geworden. Ich bin Französin, Deutsche, Afro-Europäerin, ohne mich wirklich als etwas von allem zu fühlen.

In dem Jahr zwischen dem Antrag auf Einbürgerung und dem Staatsakt zur Aufnahme in die deutsche Gemeinschaft wollte ich Tag für Tag, vom ersten bis zum letzten Tag, all jene diffusen Gedanken aufrollen, die mich seit jeher beherrschen, und ihre Spur bis in die dunkelsten Winkel uralter Ängste und Gefühle verfolgen: all jene diffusen Gedanken zum europäischen Rassismus, seinen Erscheinungsformen und seiner Zukunft, was mich mit Frankreich verbindet, der Begriff der Staatsbürgerschaft und die symbolische Bedeutung von Gemeinschaft, der ewige Wunsch, sich zugehörig zu fühlen, und auch und vor allem mein Erbe und was ich davon weitergeben würde. Dieses Jahr war eine lehrreiche Reise.

Februar

Mannheim

Die Entscheidung war gefallen. Den genauen Zeitpunkt habe ich heute nicht mehr im Kopf, aber wenn ich mich einmal entschieden habe, schreite ich immer schnell zur Tat. Dieses Vorhaben, das mir noch vor einigen Monaten unmöglich erschien, konnte ich jetzt gar nicht schnell genug umsetzen.

Ich wollte mich unbedingt an den Tag erinnern, an dem ich den Prozess in Gang setzte, und wählte den Ersten des Folgemonats. Am 1. Februar 2017 hatte ich das erste Telefonat – es sollten noch weitere Gespräche folgen – mit einem Mitarbeiter der Ausländerbehörde der Stadt Mannheim, wo ich seit vier Jahren lebte. Eine Frau ging ans Telefon. Keine Ahnung warum, aber ich stieg etwas holperig in das Gespräch ein. Vielleicht weil ich mit der Ausländerbehörde sprach, die einen fremden Akzent und sprachliche Fehler erwartet. Ich konzentrierte mich besonders auf die Artikel, und meine Gesprächspartnerin schien angenehm überrascht zu sein, denn die meisten »Klienten« können sich wahrscheinlich nur schwer auf Deutsch verständlich machen. Ich hingegen spreche die Sprache fast akzentfrei. Und trotzdem schämte ich mich ein bisschen, womöglich weil ich am Telefon nichts als eine Ausländerin, eine Migrantin war, eine Bittstellerin.

Aber was soll's, dachte ich mir, diesen schwierigen Einstieg würde ich überleben. Also lächelte ich freundlich (angeblich kann man das am Telefon hören) und nannte meinen Namen und kurz den Grund meines Anrufs. Ich stammelte meine etwas zu langen Sätze, und da die Frau mich nicht unterbrach, glaubte ich, sie wolle mir helfen.

Laut und deutlich stieß ich hervor: »Ich möchte Deutsche werden.« Und präzisierte: »Ich möchte gerne die deutsche Staatsbürgerschaft beantragen.« Mich einbürgern lassen. Einbürgerung. Was für ein Wort. Vor meinem inneren Auge erschien ein kafkaeskes Universum aus unverständlichen Formularen, boshaften Beamten und Demütigungen. Ich erwartete unzählige Feinde mit Handfeuerwaffen, Hindernisse und andere Gegenkräfte, die mich von meinem Vorhaben abhalten wollten. Denn derjenige, der eingebürgert werden will, so dachte ich, ist grundsätzlich suspekt.

Natürlich hatte ich mich vor dem Anruf im Internet informiert und eine Liste der für die Beantragung der Einbürgerung notwendigen Dokumente gefunden. Ich musste meinen französischen Pass, meine Geburtsurkunde, meine Heiratsurkunde, meine deutschen Diplome, meine letzten Gehaltsabrechnungen, auch die meines Mannes, und meinen Arbeitsvertrag vorlegen. Jetzt fehlte mir nur noch ein Termin im Rathaus, um die Dokumente zur Beantragung der Staatsbürgerschaft einzureichen. Und obwohl ich Bescheid wusste, ließ ich die Frau am Telefon mir alles erklären und tat so, als schriebe ich mit. Sie war geduldig und fragte mich mit ruhiger Stimme nach der Nationalität meiner Eltern. Ich zuckte kurz zusammen und antwortete: Französisch. Auch der Vater? Ich antwortete mit ja. Sie zögerte. »Ihr Nachname klingt nicht Französisch.« Was heißt klingt? Sie wiederholte die Frage etwas anders (aber die Frage blieb dieselbe): Geburtsort der Eltern? Meine Mutter ist in Granville in der Normandie geboren. Mein Vater in Guinea ... Na bitte. Er hat also die guineische Staatsbürgerschaft? Hatte, erwiderte ich, er lebt nicht mehr. Nein, er war Franzose. Nur Franzose. Ich war auf der Hut und fügte nicht »soweit ich weiß« hinzu. Aber er ist in Guinea geboren? Guinea war zum Zeitpunkt seiner Geburt französisch. Meine Gesprächspartnerin wurde skeptisch, und auch ich war mir meiner Sache nicht mehr sicher. So endet diese Geschichte immer. Sie sagte mir, die guineische Nationalität sei ein Problem und könne das Verfahren blockieren. Und, fuhr sie fort, wenn Sie Französin sind, ausschließlich Französin, können Sie problemlos Deutsche werden, aber Sie müssen beweisen, dass Sie zu hundert Prozent Französin sind.

Meine Angst war also berechtigt. Dennoch erklärte ich ihr ruhig, dass mein Vater 1941 geboren war – verschwieg allerdings, dass in meiner Geburtsurkunde in der Zeile zum Vater »*um* 1941« steht –, damals gab es den guineischen Staat noch nicht, Guinea war französische Kolonie, und ich fragte mich, ob mein Vater überhaupt eine Nationalität gehabt hatte. Jedenfalls hatte er keinen französischen Pass, er war Afrikaner. Ein Indigener. Jetzt war es raus. Ich war die Tochter eines Indigenen. Später gab es die Französische Union, die Afrikaner wurden zu Bürgern der Union, ich glaube, das war 1946 ...

Die freundliche Dame der Ausländerbehörde hörte mir nicht mehr zu. Das war zu kompliziert und änderte nichts an meinem Problem. Ich musste beweisen, dass ich nicht guineischer Nationalität war. Der guineische Staat musste dem deutschen Staat versichern, dass ich ihm nicht angehörte, keinen guineischen Pass besaß, der Staat nichts von mir wusste. Diese Schritte sind notwendig, das sei nicht ungewöhnlich, bestätigte sie mir. In Guinea, dachte ich, ist das bestimmt ungewöhnlich. So wie ich diesen Staat kannte – ich war nur zweimal in meinem Leben dort, insgesamt vier Wochen –, war ich auf das Schlimmste gefasst. Mit dem Handy am Ohr durchschritt ich mein Arbeitszimmer und schwieg. Die Frau am anderen Ende war ebenfalls verstummt, ergriff aber als Erste wieder das Wort. »Einen Moment bitte, ich überprüfe noch einmal die Anforderungen.« Nach nicht mal einer Minute war sie zurück und sagte: »Das Problem hat sich erledigt«, als hätte es sich in Luft aufgelöst. Hätte der guineische Staat mir ohne mein Wissen seine Nationalität verpasst, würde er sie mir automatisch in dem Moment entziehen, in dem ich eine andere beantrage. Warum? Weil ich eine Frau bin. Das sei guineisches Recht. In diesem Moment verblüffte mich am meisten, dass das Bürgeramt von Mannheim über eine Broschüre mit dieser Art Information verfügte. Natürlich war ich vor allem absolut erleichtert.

Am 20. Februar hatte ich einen Termin beim Ausländeramt Mannheim, um meine Unterlagen zur Beantragung einzureichen. Dort sollte ich Frau M., die Dame vom Telefon, kennenlernen, die mich hatte wissen lassen, dass mein Name nicht französisch klingt. Ich schwor mir, nicht mehr über meinen Vater zu sprechen.

Den Termin hatte ich auf deutsche, also korrekte Art vorbereitet und alle erforderlichen Unterlagen dabei. (Mein Mann hatte mir erklärt, wie man Unterlagen ordentlich aufbewahrt.) Sie steckten in Klarsichthüllen, damit sie in meiner Tasche nicht zerknitterten. Um zwanzig nach acht war ich beim Ausländeramt, zehn Minuten zu früh. Dennoch klopfte ich an die Tür 204, hinter der der Termin stattfand. Ich hatte keine Lust zu warten. Als ich die Tür öffnete, standen zwei Männer über einen Bildschirm gebeugt, der unbesetzte Schreibtisch gegenüber musste der von Frau M. sein. Beide Männer drehten sich sichtlich verärgert zu mir um. Ich erklärte, dass ich einen Termin mit Frau M. hätte, zu früh sei und gerne draußen warten würde, aber mitteilen wollte, dass ich bereits da sei. Eine dicke Frau schoss wie der Teufel aus dem Zimmer nebenan. Sie entsprach so gar nicht meinem Bild der freundlichen Frau M., aber sie war es: »Sie waren um acht Uhr geladen!« – »Nein, halb neun, ich bin Frau Diallo.« Ich entschuldigte mich in dem unterwürfigen Ton, den ich Autoritäten gegenüber manchmal annehme und den ich an mir hasse. Auch wenn die Autorität im Unrecht ist, unterwerfe ich mich, sogar wenn diese gemein zu mir ist. »Wir vergeben keine Termine um halb, sie waren für acht Uhr geladen.« Ich schwieg, und mir dämmerte, dass diese schreckliche Frau vielleicht recht hatte. Vielleicht hatte ich den Termin falsch in meinem Handykalender notiert.

Frau M. fasste sich wieder und nahm vor ihrem Computer Platz, und ohne zu verifizieren, was nun stimmte, teilte sie mir mit, dass sie um neun den nächsten Termin habe, und die bleibenden vierzig Minuten nicht ausreichen würden, meinen Antrag zu bearbeiten, nie und nimmer, sie brauche eine Stunde, sie setze immer eine Stunde an, und Termine um halb gebe es bei ihnen nicht, für die komplizierten Fälle würde sie generell eine Stunde ansetzen, da immer schwierige Fragen auftauchen würden, für die man Zeit brauchte. Ich hätte alle Unterlagen dabei, aber hätte ich denn auch Kopien gemacht? Also dafür, also nein, für Kopien habe sie nun überhaupt keine Zeit, sie habe mir doch am Telefon gesagt, Originale und Kopien mitzubringen, sie weise am Telefon immer darauf hin, jedes Mal, ganz sicher, denn sie könne ja nicht im Rahmen ihrer Arbeit auch noch für jeden Kopien machen.

Innerlich hatte ich bereits kapituliert und bat sie an Ort und Stelle um einen neuen Termin, ich wollte den Empfang umgehen, denn bei dem Gedanken an die lange Schlange, an der ich am Morgen vorbeigekommen war, wurde mir schon flau. Sie gab mir einen neuen Termin für den 20. März um acht mit »dem Chef« und wiederholte, dass sie keine Termine um halb vergeben würde. Sie notierte den Termin auf einem Zettel und reichte ihn mir. Mir kamen die Tränen, ich war mit meinen Nerven am Ende, und Frau M. schimpfte, dass sie »das nicht aushalten« könne. Ich nahm den Zettel, verstaute ihn in meinem Portemonnaie, ergriff meinen Mantel und verließ das Büro, ohne auf Wiedersehen zu sagen.

Paris

Meiner Mutter habe ich von meinem Vorhaben, deutsche Staatsbürgerin zu werden, nicht gleich erzählt. Wir sehen uns nicht oft, und zwischen den seltenen Besuchen melden wir uns höchstens per SMS oder Mail, meistens geht es um Praktisches (Ankunftszeit, Geburtstagsgeschenk usw.) oder ganz im Gegenteil um Dinge, die nichts mit dem Alltag zu tun haben, Lesetipps oder kleine Ereignisse, die uns beschäftigen und die wir miteinander teilen wollen. In keine dieser Mitteilungskategorien passte die Nachricht, dass ich eine neue Staatsbürgerschaft beantragen wollte, außerdem war mir klar, dass ich es ihr persönlich mitteilen musste. Ich hatte etwas Angst davor und wollte es ihr erst erzählen, nachdem ich den Antrag gestellt hatte. Es wäre übertrieben zu sagen, dass ich das Gefühl hatte, sie zu verraten, aber ich fürchtete, dass sie es als weitere Distanzierung verstehen könnte, natürlich nur symbolisch, denn ich mutete ihr schon seit zwei Jahrzehnten zumindest eine geographische Distanz zu, die seit der Geburt der Kinder noch größer geworden ist. Die Zeit war reif, ich konnte mich nicht länger darum drücken.

Wenige Wochen nach meinem ersten Telefonat mit dem Mannheimer Rathaus besuchte ich meine Mutter in Paris.

Ich wollte ihr nicht nur erzählen, dass ich die deutsche Staatsbürgerschaft beantragt hatte und wie weit ich bisher gekommen war, sondern sie auch zu meinem Vater befragen, zu Papas französischer Staatsbürgerschaft. Sie war die Einzige, die mir etwas dazu sagen konnte. Natürlich hätten wir schon vor Jahren darüber sprechen können, aber offenbar wollte ich bis dahin lieber im Ungewissen bleiben. Als mein Vater geboren wurde, war Guinea französisches Hoheitsgebiet, und jedem, der es wissen wollte, erzählte man laut und deutlich, dass er schon immer Franzose war, da er ja in Guinea geboren worden war. So hatte ich es bis dahin auch immer verstanden. Im Gespräch mit der Sachbearbeiterin im deutschen Rathaus war mir allerdings klar geworden, dass ich an meiner eigenen Geschichte zweifelte und dass ich Schattenbereiche durchqueren musste, um behaupten zu können, dass ich vollwertige Französin bin, Tochter eines französischen Vaters und einer französischen Mutter.

Mit meiner Mutter spreche ich normalerweise selten über Papa. Vor einigen Jahren ist er urplötzlich gestorben, da waren meine Eltern schon lange geschieden. Bei ihrer Scheidung war ich sieben, und ich habe keine Erinnerung an ihre Trennung. Sie hatten weiterhin einen guten Draht zueinander, wie man so sagt, und da mein Vater schon in der Ehe oft weg war, hatte die Scheidung für unseren Alltag kaum Bedeutung. Viel einschneidender war die offizielle Bestätigung der emotionalen Distanz, die wir schon lange gespürt hatten, mein älterer Bruder sicher noch mehr als ich. Meine Mutter ist heute die Einzige, die mir etwas über den Lebenslauf meines Vaters sagen kann, und wenn ich beschlossen hatte, ihr von meiner Beantragung der deutschen Staatsbürgerschaft zu erzählen, dann, weil ich auch mehr über meine Abstammung erfahren wollte. Tatsächlich wusste ich gar nicht, wie und wann mein Vater Franzose geworden war. Er war immer schon Franzose, weil er in einer französischen Kolonie geboren ist, aber zugleich war er es nie, da er in Afrika geboren ist. Wie war er offiziell Franzose geworden, zu welchem Zeitpunkt, und durch welche Umstände?

Moskau

Von meinem Vater besitze ich kein Kinderfoto, und alles, was ich von seinem afrikanischen Leben vor seiner Auswanderung weiß, ist für mich Legende, denn über diese Zeit hat er uns fast nichts erzählt. Er muss vieles verdrängt haben. Allerdings bemerkte er manchmal verbittert, dass sein Vater ein Tyrann war und er nichts von ihm gelernt habe, das war aber schon alles, was man erfuhr. Die harschen Worte waren offenbar ein Weg, die manchmal aufflackernde Erinnerung an seinen Vater so schnell wie möglich wieder zu verdrängen. Mein Vater war kein Grübler, er gab seiner Vergangenheit keinen Raum, er wollte sie weder durchkauen noch verstehen. Er verstaute alles in einer gedanklichen Kiste mit schwerem Deckel und ging weiter seinen Weg. Alles, was ich von seiner afrikanischen Zeit weiß, habe ich seinen knappen Bemerkungen entnommen und dem, was mir meine Mutter erzählt.

Mein Vater ist in der Gegend um Fouta Djallon in Guinea geboren, das zu jener Zeit französische Kolonie war. In seiner Geburtsurkunde steht als Geburtsdatum »um 1941 geboren«. Sein Vater war Geschäftsmann und hatte eine wichtige Stellung in seinem Dorf. Er besaß Sklaven und mehrere

Frauen. Mein Vater war das jüngste Kind der vierten Frau, ich weiß nicht, ob es danach noch weitere Frauen gab. Der Erstgeborene war fünfzehn Jahre älter, und zwischen diesem Bruder und meinem Vater gab es vier Schwestern. Sechs der zwölf Kinder, die meine Großmutter zur Welt gebracht hat, haben das Erwachsenenalter erreicht. Bevor mein Vater auf das Gymnasium ging, ein Internat in der Hauptstadt Conakry, besuchte er die Koranschule und die französische Schule im Dorf. Kurz nach dem Abitur ging er mit achtzehn nach Moskau. Er hatte ein Stipendium der Sowjetunion erhalten, für das er sich eher spontan beworben hatte, so spontan, wie er dann auch aufgebrochen war. Das war für ihn ein großes Abenteuer, so groß wie Guineas Abenteuer, das zur selben Zeit von Frankreich unabhängig wurde. Guinea war das erste afrikanische Land, das sich aus dem Kolonialimperium befreite. Mein Vater zählte zum ersten Jahrgang der Moskauer Lumumba-Universität, die Nikita Chruschtschow 1960 gegründet hatte. Er blieb fünf Jahre in Moskau und studierte erst etwas Technisches und dann Ökonomie. Auch von dieser Zeit hat er mir nicht viel erzählt, nur, dass es die glücklichste seines Lebens war. Er hatte guten Grund, euphorisch zu sein, immerhin startete er in sein eigenes Leben, außerdem hatte man in jener Zeit grundsätzlich Anlass, das Leben durch die rosarote Brille zu sehen, vor allem wenn man als »Indigener« in einer afrikanischen Kolonie aufgewachsen war und eine Moskauer Universität besuchte, an der Studenten aus aller Welt zusammentrafen, die jung und davon überzeugt waren, dass ein neues Zeitalter angebro-

chen war. Fortschritt machte sich breit, man glaubte, dass
der Kommunismus die Menschen befreien und den Rassismus besiegen würde. Auch mein Vater glaubte an Fortschritt
und den Kommunismus. In Russland hat er sich ganz vom
Islam abgewendet, er war begeistert (hat er mir Jahre später erzählt), dass Frauen Ärztinnen wurden, und ich weiß,
dass er in eine russische Studentin verliebt war, die so gar
nicht dem unterwürfigen Typ entsprach, den er aus Guinea
kannte. Alles ging voran. Nach seinem Tod haben mein Bruder und ich Fotoalben aus der Moskauer Zeit gefunden. Tatsächlich wirkte er auf den meisten Fotos glücklich. Eins habe
ich behalten und schaue es mir immer wieder gerne an, man
sieht vier lachende Menschen, zwei Afrikaner – der eine ist
mein Vater – und zwei blonde Frauen, wahrscheinlich Russinnen. Sie tragen Badeanzüge und sitzen auf einem Felsen,
sie sehen aus wie Hollywoodstars, mondän und lässig und
gleichzeitig ernst und selbstbewusst. Mein Vater und der
junge Mann haben wohlgeformte Körper wie antike Statuen,
sie hatten sicher großen Erfolg bei den Frauen. Das Meer im
Hintergrund ist ruhig, in der Ferne erkennt man ein Kanu.
Erst neulich habe ich zufällig erfahren, dass dieses Foto auf
der Krim entstanden ist. In der rechten Ecke ist etwas notiert, dass mir ein Deutschrusse übersetzt hat. Auch die Jahreszahl 1961 ist zu erkennen. Auf einem anderen Foto fährt
mein Vater Ski. Er ist nach vorne gebeugt und umklammert
die Stöcke mit ausgestreckten Armen, er wirkt unbeholfen,
aber fröhlich. Bevor er nach Russland ging, kannte er natürlich keinen Winter. Als er sein Studium begann, sah er zum

ersten Mal Schnee und entdeckte das Skifahren für sich. Es muss Liebe auf den ersten Blick gewesen sein, denn sein ganzes Leben betrieb er Wintersport, obwohl ihm im ersten Winter die Finger der rechten Hand erfroren. Zum Glück musste sie nicht amputiert werden, aber seitdem hatte er in dieser Hand weder Wärme- noch Kälteempfinden. Er konnte sich die Finger verbrühen, ohne etwas zu spüren. Auf einem anderen Foto sieht man ihn mit einer jungen Frau, einer hübschen Dunkelhaarigen, sie wirken intim und strahlen die Aura bestimmter Paare von heute aus, die wissen, wie man innige Zweisamkeit auf einem Foto herstellt. Ihr Leben war sicher aufregend, immerhin war mein Vater in jener Zeit einer der wenigen schwarzen Männer in Russland.

Anfang der sechziger Jahre scheint er tatsächlich sehr glücklich gewesen zu sein. Und trotzdem hielt ihn nichts in Russland. Das Leben ging weiter, und selbst wenn er glücklich war, gab es keinen Grund zu bleiben. Ist man einmal von zu Hause weggegangen, eröffnen sich überall auf der Welt Möglichkeiten. Außerdem war es in jener Zeit nicht unüblich, dass Afrikaner die Welt bereisten.

Von Moskau ging mein Vater zunächst nach Afrika zurück. Aber nicht nach Guinea, sondern nach Sierra Leone, wo sein Bruder mittlerweile lebte. Er blieb nur kurze Zeit, ich weiß nicht, was er in Sierra Leone getan hat noch was ihn in dieser Zeit beschäftigte, jedenfalls kam er im September 1965 nach Paris, wo er als ausländischer Student Politikwissenschaften studierte. Nachdem er im anderen Lager des Kalten Krieges gelebt hatte, war er in Paris vor allem von amerikanischen Studenten umgeben. Im Studentenheim wohnten auch Afrikaner, mit denen er seine Zeit verbrachte, bis er meine Mutter traf, die ebenfalls Politikwissenschaften studierte. Sie waren sehr schnell verlobt und haben 1967 geheiratet. Mein Bruder ist zwei Jahre später geboren. Diese kurze Geschichte unserer französisch-guineischen Familie kannte ich mehr oder weniger schon immer. Aber ich habe mich nie gefragt, ob mein Vater Franzose war, als er nach Frankreich kam. Zumindest habe ich es immer angenommen, vielleicht wollte ich es aber auch gar nicht so genau wissen. Meine Eltern waren damals noch sehr jung und die Frage der Nationalität war nicht so eindeutig geklärt wie heute, jedenfalls war es keine entscheidende Frage. Übrigens habe ich lange geglaubt, dass man französischer Staatsbürger durch eine Art Übereinkunft wird, dass es eine Frage der Affinität sei. Die Liebe zur Sprache, die Bewunderung der französischen Geschichte, die Identifikation mit den überall bekundeten ethischen und politischen Prinzipien – ich war tatsächlich der Meinung, dass allein der Wille reichte, an den nationalen Mythos zu glauben, und schon war man ein Bürger Frankreichs. Aber bei genauerer Überlegung wurde mir klar, dass ein Afrikaner aus den Kolonien nicht den Status eines französischen Staatsbürgers haben konnte. Zumindest nicht im Zweiten Weltkrieg, als mein Vater geboren wurde. Und trotzdem fand ich, es sei nicht falsch zu behaupten, dass mein Vater Franzose war, und das schon immer. Warum zweifelte ich also im Gespräch mit der Sachbearbeiterin der Mannheimer Ausländerbehörde an der Nationalität meines

Vaters? War Papa auch guineischer Staatsbürger? War er als Guineer nach Frankreich gekommen und musste sich einbürgern lassen? Ich habe diese Frage meiner Mutter gestellt, die sie zunächst verneinte, ganz bestimmt nicht, er hatte nie die guineische Staatsbürgerschaft. Aber ich insistierte so lange, bis meine Mutter irgendwann auch nicht mehr ganz sicher war. Vielleicht hatte er die französische Staatsbürgerschaft im Zuge der guineischen Unabhängigkeit automatisch erhalten. Möglich, aber sie erinnerte sich nicht. Guinea ist 1958 unabhängig geworden, mein Vater hat das Land erst 1959 verlassen. Ich fragte mich, wie man automatisch eine Staatsbürgerschaft erhalten konnte.

Einige Zeit später kam meine Mutter selbst auf dieses Thema zurück. In der Zwischenzeit hatte sie sich erinnert, dass meinem Vater 1968 die Staatsbürgerschaft entzogen worden war. Er war also eindeutig Guineer gewesen. Sie erinnerte sich, dass er sich 1968 entscheiden musste, entweder nach Guinea zurückzukehren, um dem neuen Staat zu dienen, oder die Staatsbürgerschaft zu verlieren und damit das Recht, ohne Visum und Kontrollen problemlos ins Land einzureisen. Nun hatten meine Eltern aber gerade geheiratet, und mein Vater sah seine Zukunft zunächst einmal in Paris.

Als westliche Europäerin konnte ich das nur allzu gut verstehen. Guinea ist eins der ärmsten Länder der Welt, es hat fast fünfzig Jahre unter einer grausamen Diktatur gelitten, und die Korruption dringt bis in die kleinsten alltäglichen Dinge. Ich hätte auch keinen Wert auf diese Nationalität gelegt. Aber 1968 hatte man Grund zur Hoffnung, vor

43

allem mein Vater, der seit fast zehn Jahren keinen Fuß nach Guinea gesetzt hatte. Eigentlich musste er ein positives Bild behalten haben, denn er hatte ein Land im Aufbruch verlassen, als es sich ganz neu konstituierte. Damals glaubte man noch an die Moderne, an historischen Fortschritt. Weshalb er ja auch nach Moskau gegangen war, er wollte sich (nach kommunistischer Schule) bilden und anschließend den jungen Staat mit aufbauen. 1958 war Guinea die erste französische Kolonie in Afrika, die die Unabhängigkeit einforderte. Die Guineer waren zu Recht stolz, denn andere französische Territorien entschieden sich in demselben Jahr, in der »Französischen Gemeinschaft« zu bleiben – bis 1960, als alle Länder der AOF (*Afrique Occidentale française*) ihre Unabhängigkeit erhielten, zumindest theoretisch, dazu gehörten Senegal, Elfenbeinküste, Burkina Faso (damals Obervolta), Mali, Mauretanien, Niger, Benin.

Aus heutiger Sicht kann ich den damaligen Weg meines Vaters nur schwer nachvollziehen, ich weiß nicht, warum er sich entschied, die guineische Staatsbürgerschaft aufzugeben. Wahrscheinlich hatte er nicht geglaubt, dass seine Entscheidung folgenreiche Konsequenzen haben könnte. Erst 1984, als der Diktator Ahmed Sékou Touré ein Jahr tot war, konnte mein Vater nach Guinea zurückkehren, also erst fünfundzwanzig Jahre nachdem er als junger Mann mit dem Abitur in der Tasche das Land verlassen hatte, um ein paar Jahre im Ausland zu studieren. Seine Mutter war inzwischen gestorben, er wusste es natürlich. Aber erst viel später erzählte er mir, es sei der Schock seines Lebens gewesen, nach

Jahren als reifer Mann in »sein Land« zurückzukehren und festzustellen, dass seine Mutter (endgültig) nicht mehr da war. Einmal gestand er mir, er hätte ihr verschwiegen, dass er nach Moskau gehen würde, er hatte sich nicht verabschiedet, um sich ihre Tränen zu ersparen (natürlich hatte er sie sich nicht erspart, er hatte es nur vermieden, sie zu sehen). Sein Land war nicht mehr sein Land, sein Geburtsort war ihm fremd geworden. Wie viele Migranten muss auch er die Erfahrung gemacht haben, dass das Heimatland eine Art von Vergangenheit ist, die nicht mehr existiert.

Und dennoch beneide ich ihn, ein Heimatland gehabt zu haben. Irgendwie bin auch ich Migrantin, das gehört zu meiner Identität, es hat seine Vorteile. Aber mir fehlt ein Heimatland, und ich weiß nicht warum, aber es schmerzt mich.

Paris

Als meine Eltern noch zusammen waren, hatten wir als Fami-
lienkutsche einen langen weißen, wunderbar kastenförmi-
gen Volvo. Ich war sehr stolz darauf und ehrlich gesagt weiß
ich nicht warum. Wahrscheinlich, weil er zum Arsenal der
Dinge gehörte, an denen mein Vater hing und die ich eben-
so liebte wir er, dazu gehörten auch seine Lederhandschuhe
und sein bordeauxroter Schal (wie ihn auch Mitterrand besaß!). All diese Accessoires bestätigten mir, dass er anders
war als die Leute aus unserem Bekanntenkreis – besser.

Aber egal ob nun unser Familienvolvo etwas Besonderes
war oder nicht, jedenfalls vermutete man dahinter offenbar
gutbürgerliche Besitzer, denn eines Tages wurde er geklaut.
Für meinen Vater war das eine folgenschwere Katastrophe,
denn der oder die Diebe raubten ihm mit dem Auto das, was
für ihn tatsächlich von großem Wert war: seine Diplome. Für
die französischen war es ärgerlich, aber dass die russischen
verschwunden waren, war schlimm, denn nie und nimmer
würde er Duplikate davon bekommen. Ich weiß nicht, ob mein
Vater seine Diplome grundsätzlich im Kofferraum aufbewahr-
te, was etwas merkwürdig gewesen wäre, aber nicht unwahr-
scheinlich, oder ob er sie nur an diesem bestimmten Tag
mitgenommen hatte, dann wäre der Diebstahl zudem noch

unglaubliches Pech gewesen. Aber mein Vater ließ sich nicht unterkriegen und reagierte auch in diesem Fall mit Hartnäckigkeit, eine seiner Charakterstärken, aber auch -schwächen (er war dickköpfig), und nach jahrelangem Bemühen gelang es ihm tatsächlich, Duplikate all seiner Diplome zu bekommen.

Meine Mutter erzählte mir irgendwann, dass mein Vater nach dem Diebstahl der Diplome seinen ersten französischen Pass erhalten hatte. Ich war baff, seinen ersten, wie denn das? War er davor nicht Franzose gewesen? Doch, natürlich war er Franzose, er war ja im französischen Guinea geboren. Nur besaß er einfach bis dahin keinen Pass. In dem Moment erinnerte ich mich, dass mein Vater anlässlich einer Flugreise erwähnt hatte, dass er keinen Pass besaß. Das war zu der Zeit, als man Reisende noch bis zum Flugzeug bringen konnte und es kaum Kontrollen gab. Ich erinnere mich dunkel, dass ich ihn einmal mit bis an die Gangway begleitet hatte, um ihn zu verabschieden. Heute ist es unvorstellbar, sich so frei zu bewegen. Mir wurde schwindelig bei dem Gedanken, dass es eine Zeit gab, in der man problemlos ohne Pass existieren konnte.

Von meiner Mutter erfuhr ich, dass mein Vater, als er den Diebstahl seines Autos anzeigte, auch den Verlust seines Passes angegeben hatte. Ohne weiteres erhielt er einen neuen – in Wahrheit sein erster. Er war Franzose wie alle anderen, jedenfalls fast, das bewies er mit seiner Geburtsurkunde, einem Dokument, in dem stand: Mamadou, Aliou Diallo – männlich – *um* 1941 geboren – in Timbo, Guinea – Sohn von Jadji Moustapha Diallo – und Binta Barry. Punkt aus.

Eine Generation später ist es unvorstellbar, so unorthodox wie mein Vater eingebürgert zu werden. Klammheimlich die französische Staatsbürgerschaft ergattern? Heute ist es schon schwierig, seinen Pass zu verlängern oder bei Verlust einen neuen zu bekommen, wenn man nicht »waschechter« Franzose ist, meine Cousins, Cousinen und mein Bruder können davon ein Liedchen singen. Man stelle sich einen Afrikaner ohne Papiere vor, der aufs Bürgeramt geht und seine Geburtsurkunde vorzeigt – mit dem Eintrag »*um* 1941 geboren«...

Seit Jahren hatte ich nichts mehr mit den französischen Behörden zu tun, aber immer wenn ich französische Botschaften oder Konsulate aufsuchte, wurde ich gut behandelt. Am Empfang, also wenn man französischen Boden außerhalb Frankreichs betritt, sitzt in der Regel eine Person afrikanischen Ursprungs. Das gefällt mir, so fühle ich mich doppelt zu Hause, denn ich bin immer ein bisschen nervös, wenn ich Behördliches zu erledigen habe. Trotzdem mag ich diese Besuche, da man dort ausschließlich Auswanderer antrifft. Man geht durch eine Tür und gleitet in eine Parallelwelt, der Umgangston wird schlagartig ein anderer, und ich bin jedes Mal erstaunt, wie auch ich mich leicht verändere. Wenn ich Französisch spreche, wechselt meine Stimmlage. Man sagt es mir immer wieder, und ich selbst merke es auch. Meine Stimme wird dann etwas tiefer, vielleicht auch weil ich mich entspanne. Die Muttersprache zu sprechen ist weniger anstrengend. Aber nicht nur meine Stimme ändert sich, auch meine Mimik und überhaupt meine Bewegungen, nicht nur die der Hände. Mein ganzer Körper nimmt uralte Gewohnheiten an, wird zu dem, wonach er ohne Unterlass strebt, und findet eine Form, die er sonst nicht einnehmen darf. Im Alltag spreche ich sehr selten Französisch, auch mit meinen Kindern spreche ich fast immer Deutsch. Meine Muttersprache zu sprechen, für ein paar Stunden in sie hineinzugleiten, wirkt auf mich heilend, ich fühle mich wie ein Gummiband, das, wenn man nicht mehr daran zieht, in seine Ursprungsform zurückfindet.

Noch intensiver als gewöhnliche Erledigungen bei der Botschaft erlebe ich vom Ausland aus die französischen Wahlen. Als ich nach meinem Studium in Amsterdam in den Niederlanden blieb, wählte ich per Vollmacht. Das heißt, meine Mutter wählte für mich in Paris. In den Niederlanden habe ich fast zwölf Jahre gelebt, aber nie wollte ich die Nationalität des Landes annehmen. Ich wusste immer, dass ich dort nur vorübergehend lebte, mein Fundament blieben Paris und Frankreich, über kurz oder lang würde ich dorthin zurückkehren. Früher fällte ich ungern endgültige Entscheidungen, ich hielt mir gern alles offen und entschied mich eher ad hoc. Das änderte sich allerdings in Deutschland. In München, wo wir zuerst lebten, wurde mir sehr schnell klar, dass ich bleiben wollte, ich konnte mir sogar vorstellen, in Deutschland alt zu werden. Zum ersten Mal habe ich mich auf dem französischen Konsulat in München in die Wahlliste der Franzosen im Ausland eintragen lassen, und im Mai 2012 habe ich in der Münchener französischen Schule zum

ersten Mal als Auswanderin gewählt. Das war ein unvergess-
liches Ereignis und ähnlich aufregend wie eine Studenten-
demo. Als ich ankam, drängelte sich vor dem Gebäude bereits eine große Menschenmenge, und auf dem Pausenhof
schob man sich dann in zwei Schlangen Richtung Wahl-
kabine weiter. Es regnete, und wir wussten, dass es Stunden
dauern würde. Trotzdem war die Stimmung großartig. Ich
kannte natürlich niemanden, und dennoch fühlte ich mich
heimisch wie auf einem Familienfest. Im Ausland reduzieren
sich die französischen Wahlen auf das Ritual, den symbolischen Akt. Das Resultat bleibt abstrakt, umso mehr, als es
keinen Einfluss auf einen hat, da man ja nicht in Frankreich
lebt. Nicht alle Franzosen bleiben so lange im Ausland wie
ich. Die Wahlen, die ich von Deutschland aus erlebte, hatten immer dieselbe Wirkung auf mich, ich ging hin, um mich
französisch zu fühlen, mich »anwesend« zu melden. Den
anderen schien es ähnlich zu gehen, als ob wir gemeinsam
manifestieren wollten, dass wir da sind und nicht vergessen
haben, woher wir kommen. Die Energie der nationalen Verbundenheit hat mich jedes Mal beflügelt, völlig irrational,
aber es war jedes Mal ein sehr starkes, sehr konkretes Gefühl. Beflügelt und zugleich verstört, denn ich fragte mich,
zu welchem Zeitpunkt und durch welche Magie man zu einem »nationalen Wesen« wird. Und was müsste geschehen,
und wie viel Zeit müsste vergehen, um diese Bindung zu
kappen? Manchmal möchte ich mich von dieser Bindung befreien, mich nicht mehr als Tochter Frankreichs fühlen, um
mich nicht mehr als ungeliebte Tochter fühlen zu müssen.

März

London

Ein paar Wochen nach meinem missglückten Termin bei der Mannheimer Ausländerbehörde flog ich nach London. Wie jedes Jahr um diese Zeit fuhr ich aus beruflichen Gründen hin. Seitdem ich in Deutschland lebe, arbeite ich in der Verlagsbranche, und kurioserweise verkaufe ich ausländischen Verlegern die Rechte an deutschen Büchern. Ausland bedeutet für mich alles, was nicht Deutschland ist. Ich freue mich natürlich besonders, die französischen Verleger zu treffen, die mir zwangsläufig Komplimente für mein Französisch machen. Um das Rätsel zu lüften und um Missverständnisse zu vermeiden, erwidere ich gewöhnlich: »Ich bin Pariserin.« Zu oft habe ich die Erfahrung gemacht, dass man mir nicht glaubt, Französin zu sein. Mein Gegenüber fragt meistens nach: »Was heißt Französin?«, was mich jedes Mal ins Schleudern bringt. Wie kann ich es schnell erklären? Welchen Grad an Französisch-Sein wird man mir zugestehen, wenn ich sage, dass ich in Frankreich geboren und aufgewachsen bin? Ich weiß nicht, wie diese Unterhaltungen ablaufen würden, wenn ich weiß wäre, aber über die Jahre habe ich verstanden, dass mein Gegenüber lange und angestrengt nachdenken muss, um zu begreifen, dass ich, die ich auf dem internationalen Markt ein deutsches Unternehmen vertrete, Französin bin, das ist für viele zu kompliziert. Pariserin dagegen ist eindeutig. Konkrete Ortsangaben sind weniger symbolträchtig und werden eher akzeptiert. Außerdem sehe ich es so, mein wahres Herkunftsland ist Paris.

Mittlerweile liebe ich diese Zweideutigkeit und weiß sie zu schätzen. Früher hat es mich verletzt, dass man mich nie da erwartete, wo ich war, ob als Rechtefrau eines Verlages oder als Französin. Und ich bin bestimmt noch weniger eine typische Deutsche als eine typische Französin. Wenn man mich in Frankreich fragt, woher ich komme (oft mit dem Zusatz, woher ich denn »wirklich« komme), fühle ich mich angegriffen. Aber wenn ich mich in Deutschland oder im Ausland als Deutsche ausgebe und man mich fragt, woher ich komme, macht es mir nichts aus, beziehungsweise dann bin ich in der Lage, diese Frage neutral zu verstehen und sie genauso neutral zu beantworten. In Deutschland bin ich eine Ausländerin, aber eine unter vielen, außerdem bin ich eher eine Auswanderin als eine Immigrantin, jedenfalls denke ich das so. Ich spreche Deutsch mit Akzent, aber einem französischen, nicht mit einem türkischen oder arabischen. Ich gehöre zur Gruppe der »guten Ausländer«. Ich habe die Entschuldigung, dies und das nicht zu kennen, weil in Frankreich ..., und bei uns in Frankreich ..., und in Frankreich, wo ich aufgewachsen bin. Man akzeptiert, dass ich anders bin, es ist sogar interessant, weil es nicht zu exotisch ist.

Jedenfalls lege ich mir das so zurecht. Nicht jedes Mal kann ich die Karte der französischen Auswanderin glaubhaft ausspielen. Auch in Deutschland höre ich manchmal die

Bonus-Frage: »Aber woher kommst du denn nun *wirklich*?«, kann ja jeder behaupten, Französin zu sein. Wenn ich mutig bin, erzähle ich die ganze Geschichte und zwangsläufig auch die meiner Eltern. Wenn ich erzähle, dass meine Mutter Französin ist, sind die Leute in der Regel zufrieden. Außerdem sind die meisten Deutschen bei diesem Thema vorsichtig oder befangen. Sie wissen, dass ich weiß, was sie denken, nämlich dass die Antwort »Ich bin Französin« nicht ganz ausreicht. Sie bohren oft nicht weiter nach und geben damit still und höflich zu verstehen, dass ihnen bewusst ist, dass es etwas komplizierter ist. Aber sie respektieren die Identität, die ich für mich beanspruche. Den Franzosen werfe ich vor oder habe es ihnen lange vorgeworfen, dass sie jedes Mal so tun, als ob sie nicht verstehen. Jemanden »Woher kommst du« zu fragen, der eindeutig Franzose ist, bedeutet eigentlich, ihm die französische Identität zu verweigern. Ich empfinde es als direkten Angriff, wenn man mir auf die Antwort »Ich bin Französin« die Gegenfrage stellt, woher ich denn wirklich komme. Seit Jahren verweigere ich mich diesem Spiel des »So tun, als ob man nicht versteht«. Wären wir noch in den 1980er Jahren, würde ich mich zwingen, über diese kleinen rassistischen Übergriffe hinwegzusehen.

Mein London-Besuch im März 2017 stand im Zeichen des Brexits, auf der Buchmesse war er bei jedem Termin das Hauptthema. Besonders den Engländern fiel es schwer, sich auf etwas anderes zu konzentrieren. Die liberale, intellektuelle Verlagsbranche war natürlich total fassungslos. Und mancher Engländer schämte sich. Die Unterhaltungen waren eher gestelzt, man sprach von der Spaltung der Gesellschaft, der Distanz zwischen London und dem Rest der Welt, von den durch die Globalisierung Abgehängten usw. Das waren die gängigen Argumente, wie man sie auch seit Juni 2016 in der Presse und den Mainstream-Medien hörte. Es gab aber auch andere Stimmen, die sagten, dass das Problem der Rassismus sei, und das sei keine Überraschung. In den sozialen Medien teilte sich nach der Wahl die Welt in zwei Lager – jedenfalls die Welt, wie sie in meinen Feeds erscheint. Die einen suchten nach Erklärungen für das unglaubliche Resultat, analysierten, diskutierten und zeigten sich bestürzt. Die anderen hatten nur eine Antwort: England sei schon immer von Rassismus und Fremdenfeindlichkeit zersetzt gewesen, was bei dieser Wahl endlich offen zutage getreten sei. Das zweite Lager warf dem ersten vor, den Wahlausgang nicht wahrhaben zu wollen. Das zweite Lager besteht fast ausschließlich aus Nicht-Weißen, ich gehöre dazu, und ich kann ihre Analyse absolut nachvollziehen. Jeder, der in einem europäischen Land aufgewachsen ist oder mehrere Jahre dort gelebt hat, und der aus der größeren ethnischen Gruppe, also der der Weißen, ausgeschlossen ist, weiß, dass Rassismus ein Filter ist, der zu verschiedenen Anlässen den Blick der Bürger auf das, was sie sehen oder was sie zu sehen glauben, einfärbt. In den letzten Jahrzehnten ist Rassismus ein wichtiger Motor politischer Bewegungen in Europa geworden. Niemand in meinem Bekanntenkreis teilt diese Meinung, und wenn ich sie äußere, hält man mich für extrem, fast paranoid. Aber wie ich schon sagte, fast alle in meinem Umfeld sind weiß. Niemand um mich herum ist erstaunt oder nimmt Anstoß daran, dass Immigration zwar ein zentrales Thema in den politischen und gesellschaftlichen Debatten ist, aber im alltäglichen Leben fast keine Rolle spielt. Mir scheint, dass die systematische Verwendung des Begriffs »Migration« Symptom einer mehrheitlichen Leugnung dieses Themas ist. Denn man spricht ja nicht von den Migranten, also von den Menschen, die auf französischem Boden ankommen oder zukünftig ankommen könnten. Der Begriff »Immigration« hält den Diskurs über diesen Begriff im Ungewissen, er verhindert zu erkennen, worum es eigentlich geht. Das ist vor allem das Problem derjenigen, die sich größtenteils im Recht glauben und Angst haben oder sich weigern, dieses Recht zu verlieren. Man bezeichnet nicht die, die gerade ins Land gekommen sind, als Immigranten, sondern die, die seit Generationen Franzosen sind. Dabei würde niemand auf die Idee kommen, einen Norweger, der sich vor Jahren in Frankreich niedergelassen hat, als Immigranten zu bezeichnen, geschweige denn als Problemfall der Immigration. Wenn wir über Immigration sprechen, schwingen immer rassische, wenn nicht sogar rassistische Gedanken mit. Ich glaube nicht, dass die Behauptung absurd ist, die nicht enden wollende Debatte über nationale Identität, die seit ungefähr fünfzehn Jahren mehr oder weniger hysterisch in fast allen europäischen Ländern geführt wird, sei nichts anderes als eine ergebnislose Diskussion, hinter der sich – eher schlecht als recht – alte rassistische Ängste, sogar alte koloniale Ängste verbergen. Auf jeden Fall ist diese Diskussion Augenwischerei, um die unzufriedene Masse mit ihrem Wunsch nach Daseinsberechtigung zu besänftigen. In den reichen westeuropäischen Ländern, wie zum Beispiel Frankreich oder England, ist unschwer zu erkennen, warum sich der volksnahe Mittelstand auf seine Symbole besinnt, auf seine Fahne und die Farbe seines Passes. Wir haben es mit der Illusion einer gemeinsamen Zukunft zu tun. Und diese Haltung wäre ohne ein grundlegend rassistisches Weltbild nicht denkbar, das die Populisten gerne aktivieren, wenn sich Unzufriedenheit breitmacht.

Ich versuche dieses Thema in meinem Alltag zu vermeiden, mittlerweile fehlt mir die Kraft dazu und der Mut. Ich komme mir vor, als würde ich in der Wüste predigen, was an sich schon schlimm ist, aber dadurch noch schlimmer wird, dass in der Wüste niemand ist, der sich angegriffen fühlen und mich mit Hass überschütten könnte. Im Internet, besonders auf Twitter höre ich andere Stimmen, dort fühle ich mich weniger isoliert. Trotzdem lese ich auch die gängigen Meinungen in den herkömmlichen Medien, den überregionale Zeitungen, ich höre Radio, das deutsche wie das französische, schaue Sendungen auf Arte. Ich glaube nicht, dass ich fanatisch geworden bin, auch nicht paranoid, aber im Gegensatz zu den herkömmlichen Medien habe ich in den sozialen Medien Mitstreiter gefunden, Menschen mit ähnlichen Erfahrungen, die ich mit meinen Freunden und Bekannten nicht unbedingt teilen kann. In den sozialen Medien treffe ich andere Nicht-Weiße, die sich in ähnlich intellektuellen und gebildeten Kreisen bewegen wie ich und die sich genauso isoliert fühlen. In der Buchbranche lassen sich die Schwarzen an einer Hand abzählen. Selbst in den USA, einem wichtigen Land für unser Gewerbe, wo mehr Schwarze leben als in Europa, gibt es in den Verlagen fast nur Weiße. Eine meiner Freundinnen ist Lektorin in den Niederlanden und auch schwarz. Wir witzeln oft, dass wir wohl die beiden einzigen Nicht-Weißen in der internationalen Verlagswelt sind. Auf den Buchmessen passiert es manchmal, dass uns Kollegen verwechseln, die uns oder eine von uns beiden kennen. Die Entschuldigung lautet dann immer »Ihr seht euch halt so ähnlich!«

Die Londoner Buchmesse ist ein internationales, kosmopolitisches Ereignis, und die Leute sind grundsätzlich neugierig und offen für Diversität, die meisten sind natürlich privilegiert, aber sie wollen integrieren. Jedes Jahr treffe ich dort viele Franzosen. Von Paris nach London fährt man mit dem Zug nur ein paar Stunden. Natürlich treffe ich auch viele englische Verlagsleute. Im März 2017 war es vor allem interessant, mit den Leuten zu sprechen, die sich nie Gedanken um ihre Nationalität gemacht hatten – warum hätten sie es auch tun sollen? –, aber mit einem Mal gerieten sie in große Schwierigkeiten. Eine Literaturchefin, die in England geboren und verheiratet ist, einen deutschen Vater und eine schweizerische Mutter hat und die nie die britische Staatsbürgerschaft beantragen wollte, erzählte mir auf der Messe von ihren Abenteuern mit der Londoner Ausländerbehörde, weil sie sich entschlossen hatte, Engländerin zu werden. Eine andere Kollegin aus London, die seit mehreren Jahren in Berlin lebte, erklärte mir, warum sie entschieden hatte, Deutsche zu werden. Sie hatte Angst, nach dem Brexit nicht mehr so einfach in Deutschland arbeiten zu können, außerdem war sie manchmal von ihrem Heimatland angewidert. All das war nur ein Sturm im kleinen Wasserglas der Verlagswelt. Der wachsende europäische Populismus zeigte mit einem Mal seine konkreten Auswirkungen auf das eigene Leben.

Nach den offiziellen Messeterminen sprachen wir bei den Abendessen viel offener und persönlicher. Die Leute hatten ein großes Bedürfnis, »ehrlich« zu sprechen, vor allem über Politik. Ich übertreibe ein wenig, wenn ich behaupte, dass wir, die Elite, bis dahin von der Welt abgeschnitten waren und uns plötzlich die prosaische Realität der Politik und Demokratie einholte, nur weil die Mehrheit dafür gestimmt hatte, in eine andere Richtung zu gehen, als wir es wollten. Wir hatten geglaubt, Grenzen würden nach und nach verschwinden, aber nun wurden sie wieder hochgezogen. Wir waren daran gewöhnt, quatschend den Flughafen zu durchqueren und mit halbem Auge dem »EU-Bürger«-Wegweiser zu folgen, um dann beim Boarding das iPhone an den Scanner zu halten, damit er grün aufleuchtet. Die Welt der Visa und des Zolls, das war doch alles veraltet und anachronistisch. Aber plötzlich schien diese verstaubte Welt wieder aufzuerstehen. In London zählten wir die Dinge auf, die wir im Laufe der letzten Jahrzehnte dazugewonnen hatten, Dinge, die wir nie wirklich zu schätzen gelernt hatten, denn wir waren die Generation danach. Wir hatten nur den Frieden kennengelernt – und Europa.

Wenn ich in unseren Gesprächen wagte, über den Small Talk hinauszugehen, und in seltenen Fällen sogar den Mut aufbrachte, meine persönliche Geschichte zu erzählen, von meinem Verhältnis zur Nationalität, von den Schritten, die ich zur Beantragung meiner Staatsbürgerschaft unternommen hatte, dann kam ich am Ende immer auf meine Mutter zu sprechen. Wenn es um die europäische Einheit geht, denke ich vor allem an meine Mutter. Der Brexit hat sie erschüttert. Nicht nur weil sie, kurz nach Kriegsende geboren, zu einer Generation gehört, die die all die Zerstörungen noch erlebt hat, sondern vor allem weil sie in ihrem Berufsleben an der europäischen Einheit mitgewirkt hat, an der sie bis heute leidenschaftlich und aktiv festhält. Ich behaupte sogar, dass meine Mutter, so französisch sie auch ist, im Laufe ihres Lebens zu einer europäischen Patriotin geworden ist. In meiner Jugend habe ich mich darüber lustig gemacht, heute berührt es mich. Dieses politische Konstrukt, das sich Europa nennt, erfährt ein tragisches Schicksal, vielleicht weil es aus reiner Willenskraft entstanden ist, es ist nicht spontan, nicht organisch genug gewachsen. Es gibt zu wenig überzeugte Europäer, die die Qualitäten Europas erkennen. Die europäische Einheit ist ein bisschen wie das unscheinbare Mädchen auf der Party, dessen Schönheit die Jungs nicht wahrnehmen, nur weil sie eine Brille trägt.

Granville

Meine Mutter ist im September 1946 geboren, ihr Vater war damals Offizier der französischen Armee, ausgebildet an der Militär-Elitehochschule von Saint-Cyr. 1944 ist er aus der Gefangenschaft zurückgekommen und gleich danach seiner Frau begegnet, sie haben in Paris geheiratet. Sie war die jüngere Schwester der Frau eines Kriegskameraden und meinem Großvater bei einem Besuch aufgefallen. Gleich nach der Heirat sind sie ins Ausland gegangen, denn Großvater bekam den Auftrag, das Land des geschlagenen Feindes zu besetzen.

Die Armee hatte dem Paar eine Wohnung bei einer jungen deutschen Familie zugewiesen. Meine Großmutter war darüber sehr unglücklich. Sie wohnten bei Leuten, die noch vor kurzem ihre Feinde gewesen waren, und meine Großmutter war alles andere als eine Eroberin. Ihr war es unangenehm, sie fürchtete, das Ehepaar zu stören, und wusste nicht, wie sie sich verhalten sollte, vor allem wollte sie nicht als Repräsentantin der Armee auftreten. Zwar waren ihr die deutschen Soldaten im besetzten Paris verhasst gewesen, sie verspürte aber keine Rachegelüste den Menschen gegenüber, mit denen sie zukünftig auskommen sollte.

Die deutsche Sprache verabscheute sie allerdings weiterhin, und da sie kein Wort Deutsch sprach, war sie vom Alltagsleben ausgeschlossen. Sie konnte sich nicht mit der Frau austauschen, bei der sie lebte, dabei hätten sie Freundinnen werden können. Meine Großmutter wurde schnell schwanger, was sie gesellschaftlich noch mehr isolierte. Meinem Großvater erging es besser, er sprach zwar kein Deutsch, hatte aber dafür französische Kollegen.

Sehr bald kehrten meine Großeltern nach Frankreich zurück. Der Geburtstermin rückte näher, und meine Großmutter wollte das Kind auf keinen Fall in Deutschland zur Welt bringen. Ihre Phantasie ging mit ihr durch, sie hatte die völlig unbegründete Angst, dass die Deutschen, sollte es ein Junge werden, ihn im Falle eines neuen Krieges einziehen könnten.

Meine Mutter, die nachweislich kein Junge war, kam in der Hafenstadt Granville in der Normandie zur Welt, wo auch mein Großvater geboren wurde und wo damals noch seine Familie lebte. Meine Großmutter fühlte sich aber auch in Granville fremd, fast so fremd wie in Deutschland. Sie wusste nichts mit der kleinen Welt der Hafenfrauen anzufangen und konnte sich als Pariserin nur schwer integrieren.

Nur ihre Schwiegermutter war von Anfang an eine Verbündete. Meine Urgroßmutter war eine dieser Hafenfrauen und somit eine Einheimische, die sich in den Augen ihrer Schwiegertochter in nichts von den anderen Frauen unterschied, bis auf ihre Freundlichkeit. Sie nahm meine Großmutter so herzlich auf, wie es nur wenige Schwiegermütter tun. Und mit der Zeit begriff die Neue, dass die alte Frau (sie war siebenundvierzig) genau wie sie gelitten hatte, bevor sie irgendwann zu einer Einheimischen geworden war. Meine Urgroßmutter stammte nicht aus Granville, nicht einmal aus der Normandie, sie war nicht einmal Französin!

Aber irgendwie doch und dann wieder nicht ganz, denn sie war eine »Pied-noir«. Ich weiß nur wenig von der algerischen Vergangenheit meiner Urgroßmutter, nur dass sie in Jijel (sie sprach es Djidjelli aus) in einer großen Familie aufgewachsen war, bevor sie ähnlich jung wie ihre Schwiegertochter heiratete und nach Frankreich ging. Auch sie war einem französischen Soldaten aufgefallen, der im Krieg (dem ersten) in Algerien stationiert war und sich unsterblich in sie verliebt hatte. Es gibt kein Foto meiner Urgroßmutter als junge Frau, ich kannte sie nur alt mit zum Dutt hochgesteckten grauen Haaren, krummem Rücken und immer gleich schlicht gekleidet. In der Familie war sie nur die Oma, und mit dieser veralteten und wenig schönen Bezeichnung wurde sie in meinen Augen zu einer sehr alten Frau. Dabei muss sie bezaubernd gewesen sein. In einem Brief meines Urgroßvaters an seine Eltern vom 11. November 1918, als dieser »schreckliche Krieg« zu Ende war, beschreibt er seine Verlobte als »liebreizende, entzückende junge Frau von neunzehneinhalb Jahren mit hellbraunem gewelltem Haar und wunderschönen blauen Augen«.

Mein Großvater wurde im November 1919 geboren, ein Jahr nach Kriegsende – wie seine eigene Tochter, die auch ein Jahr nach Kriegsende, allerdings einen Weltkrieg später, geboren wurde. Sie waren beide Kinder des Wiederaufbaus.

Für meine Urgroßmutter, die den Krieg von Algerien aus erlebt hatte, also von sehr weit weg, war weniger der Wiederaufbau von Bedeutung als die Integration. Sie landete in einer normannischen Kleinstadt, in der jeder jeden kannte. Sie hatte nie in Frankreich gelebt und sprach Französisch mit starkem Akzent, natürlich war sie unerwünscht.

Viele Jahre später zeugten von diesem schmerzhaften Übergang, von der Fremden zum Mitglied der Gemeinschaft, nur noch ein paar Witze, die meine Großmutter von ihrer Schwiegermutter übernommen hatte. Aber man hörte aus den Witzen immer noch die erlittenen Anfeindungen heraus, weil die Urgroßmutter von »der anderen Seite« gekommen war.

Von den elf Enkeln meiner Großmutter mütterlicherseits liebten mein Bruder und ich die alten Geschichten am meisten. Sie passten irgendwie zu uns. Niemand sprach es aus, aber wir waren auch Fremde. Unsere Fremdartigkeit kam auch aus Afrika. Das verband uns mit der Familie meiner Mutter, der französischen, um nicht zu sagen der weißen.

Meine Urgroßmutter konnte allerdings auch ganz schön rassistisch sein. Mit ihren Freundinnen vom Granviller Hafen riss sie Witze wie: »Ich muss schnell nach Hause, ich habe nicht abgeschlossen, nicht dass ich noch einen Neger in meiner Küche vorfinde.« Auch sie war ein Produkt der ultrakolonialistischen Pied-Noir-Gemeinde, aus der in den 1960er und 1970er Jahren immer jemand am Familientisch saß. Die Onkel und Tanten, die derselben Welt wie meine Urgroßmutter entstammten, vertraten jedoch im Gegensatz zu ihr einen ideologischen Rassismus, im Vergleich zu ihren Äußerungen waren die meiner Urgroßmutter harmlos, auch daran erinnerte sich meine Großmutter.

Sie erzählte gerne, wie sehr sich meine Mutter, ihre älteste Tochter, die zu jener Zeit sehr politisch war, empörte und es nicht aushielt, wenn die Familie über die Araber und Algeriens Unabhängigkeit herzog. Meine Mutter sympathisierte mit der Sozialistischen Partei und stand kurz vor der Verlobung mit einem Kommunisten aus Guinea. Sie sprang mitten beim Essen auf und knallte ihre Zimmertür hinter sich zu.

Noch vierzig Jahre später konnte sich meine Großmutter darüber amüsieren, und nicht ohne Stolz. Damals hatte sie selbst nicht wirklich eine Meinung dazu, beziehungsweise teilte sie im Großen und Ganzen die der Familie. Mir scheint, dass sich meine Großmutter politisierte, weil ihre Tochter es von ihr verlangte. Das war die Zeit. Ende der 1960er Jahre, die De-Gaulle-Ära ging ihrem Ende entgegen, trug man Minirock und befreite sich von den strengen Sitten. In den Jahren meiner Kindheit waren meine Großeltern links und Anhänger von Mitterrand wie jeder in der Familie. Ausländerfeindlichkeit gab es bei uns nicht, Rassismus noch weniger. Meine Großmutter betonte, dass sie aus einem progressiven Umfeld stamme, studiert und sogar gearbeitet habe, bevor sie meinen Großvater geheiratet hatte. In der Nachkriegszeit war sie in Paris Grundschullehrerin gewesen und sehr stolz darauf. Ich glaube, dass sie sich als befreite Frau fühlte, noch bevor es andere waren, sie erkannte sich in ihren

Töchtern, meiner Mutter und der jüngeren Schwester, wieder. Aber sie war nicht von Anfang an politisiert. Politik war Sache der Männer. Hinzu kam, dass 1966, als meine Mutter meinen Vater kennenlernte, mein Großvater bestimmt nicht zum Kommunismus tendierte und auch nicht empfänglich für antikoloniale und antirassistische Gedanken war. Zwar hatte er gleich nach dem Krieg die Armee verlassen, aber er stand weder dem bestehenden System noch Frankreichs Außenpolitik kritisch gegenüber. Meine Großeltern gehörten der Pariser Mittelschicht an, waren weder arm noch reich, sie hatten fünf Kinder, und meine Großmutter arbeitete nicht, mein Großvater war eine höhere Führungskraft in der Privatwirtschaft, und es verstand sich von selbst, dass die Kinder Abitur machten und studierten.

Meine Mutter war sehr jung, gerade mal siebzehn, als sie anfing, Politikwissenschaften zu studieren. Mein Vater kam 1965 nach Frankreich und studierte ebenfalls Politikwissenschaften. Sie wollten 1966 heiraten, da war meine Mutter zwanzig, also nicht volljährig. Meine Großeltern waren kategorisch dagegen. Meine Großmutter erzählte die Geschichte immer wieder, wie eine mythologische Legende: »Deine Mutter war ein Sturkopf, du kennst sie. Sie stellte uns vor die Wahl: ›Entweder ihr akzeptiert, dass ich jetzt heirate, oder ich warte bis zur Volljährigkeit, aber dann seht ihr mich nie wieder.‹« Mein Großvater kapitulierte, was genauso in die Familienlegende einging: »Na gut, soll sie doch ihren Afrikaner zum Essen mitbringen, dann lernen wir ihn kennen.« Die Geschichte nahm ein glückliches Ende, denn mein Vater war ein schöner Mann, elegant und sehr gebildet, er verzauberte einfach jeden.

Diese Geschichte zeigt, dass man damals relativ schnell seinen Standpunkt und seine Meinung änderte. Meine Mutter, eine Katholikin, heiratete also einen Afrikaner, der Muslim war, obwohl meine Großeltern rassistische Vorurteile hatten wie alle anderen und die »algerische« Großmutter meiner Mutter zweifelhafte Witze über »Neger« erzählte. Aber als man den muslimischen Afrikaner persönlich kennenlernte, zeigte sich, dass er ein sympathischer, interessanter Mann mit einem Namen und einem Gesicht war, ein Mensch aus Fleisch und Blut, und plötzlich lösten sich alle Vorurteile und politischen Überzeugungen in Luft auf. Wäre das heute genauso möglich? Sind wir heute noch in der Lage, den Menschen hinter seiner »Identität« zu erkennen? Warum hat meine Familie damals nicht die »kulturellen Unterschiede« thematisiert, die islamische Gefahr, die Unvereinbarkeit von abendländischen und afrikanischen Werten? Heutzutage bestimmen Symbole unser Denken so sehr, dass es uns schwerfällt, in konkreten Kategorien zu denken. Ich habe lange gebraucht, um einzusehen, dass sich in Europa der Blick auf den anderen zunächst vom Schlechten zum Guten gewandelt hat und sich gegenwärtig wieder vom Guten zum Schlechten zurückwandelt. Die Nachkriegsgeneration, in Frankreich war das die Baby-Boomer-Generation, tat alles für den Fortschritt, für sie ging es aufwärts, meine Generation hingegen, wir Kinder der Nachkriegsgeneration, müssen lernen zu akzeptieren, dass nicht alles vorangeht, geschweige denn gut endet, schlimmer noch, wir machen Rückschritte, zumindest hinsichtlich Rassismus und Ausgrenzung von Minderheiten. Jede Generation ist natürlich verschieden, die Zeiten sind jeweils andere, und meine Sichtweise ist vielleicht zu düster. Vielleicht ist auch mein Blick auf Frankreich überholt, immerhin lebe ich seit zwanzig Jahren nicht mehr in dem Land. Mein Bruder teilt meinen Pessimismus nicht, und er lebt in Frankreich und kennt den Alltagsrassismus länger als ich, er ist sieben Jahre älter, aber er stellt eindeutige Verbesserungen fest. In seinem Bekanntenkreis erfährt er nur selten Alltagsrassismus. Er hält mir vor, dass ich Frankreich nur über die Presse oder die sozialen Medien wahrnehme – er hat natürlich nicht unrecht. Trotzdem existiert das, was ich in den Zeitungen und im Internet lese. Auch wenn der Rassismus, wie wir ihn aus den 1980er Jahren kennen, langsam verschwindet, bleibt er doch der Nährboden für die aktuelle Islamophobie und die hysterische Diskussion rund um die nationale Identität, die angeblich bedroht sei. Auf den ersten Seiten der Zeitungen lese ich über die unkontrollierte Einwanderung nach Europa, über die Angst vor »Flüchtlingswellen«, über arabische, muslimische oder afrikanische Migranten, die sich wie eine ansteckende Krankheit über die europäischen Länder ausbreiten. Dabei war es nie schwieriger als heute, Grenzen zu überqueren.

Wir haben noch mal Glück gehabt, tröstet mich mein Bruder, früher war alles viel schlimmer. Ich möchte ihm gerne glauben, allerdings war ich früher sicher, dass, auch wenn nicht alles perfekt war, man sich immer einigen würde. Ich hatte Vertrauen, dieses Gefühl der Sicherheit ist jedoch verschwunden. In meinen dunkelsten Stunden frage ich mich, was aus uns Afro-Araber-Europäern wird, wenn Europa endgültig nichts mehr von uns wissen will.

April

Mannheim

Anfang April hatte ich einen zweiten Termin bei der Ausländerbehörde. Ich wollte nur meinen Antrag auf Einbürgerung einreichen, weiter war ich noch nicht gekommen. Pünktlich um acht Uhr war ich da und ging am Empfang vorbei, wo die Leute Schlange standen, um einen Termin zu bekommen. Vor der Tür von Herrn S., dem Abteilungschef, zögerte ich nicht lange, klopfte und trat ohne eine Antwort abzuwarten ein. Herr S. saß vor seinem Computer und schien mich nicht zu bemerken. Er sah nicht auf und murmelte etwas vor sich hin. Ich setzte mich ihm gegenüber, entschlossen, mich nicht einschüchtern zu lassen. Im Gegenteil, ich wollte ihn einschüchtern. Ich zog meine Papiere aus der Klarsichthülle und formte einen Stapel mit den Originalen und einen mit den Kopien. Absichtlich sprach ich etwas lauter, ich wollte dem kaum hörbaren Gemurmel von Herrn S. etwas entgegensetzen.

Aber schon bei seiner ersten Frage war mein Selbstbewusstsein dahin. Ob ich eine Kopie meines Passes dabeihätte, fragte er. Wie hatte ich das nur vergessen können! Ich beichtete, von allem eine Fotokopie gemacht zu haben, außer von meinem Pass, den ich ihm spontan hinhielt. Keinesfalls wollte ich ihm damit sagen, dass er ihn selbst fotokopieren solle. Glücklicherweise war Herr S. nicht so mürrisch, wie er sich den Anschein gab. Er nahm den Pass entgegen und kopierte ihn kommentarlos. Als er zurückkam, wirkte er entschiedener, fast etwas streng. Er sprach nun deutlicher, zog die Tastatur mit beiden Händen zu sich heran und war bereit. Ich hielt ihm das erste Dokument vom Stapel der Originale hin, das Formular für die Beantragung der Einbürgerung, insgesamt fünf ausgefüllte Seiten, die Herr S. überflog, während er mir ab und zu eine Frage stellte. Ja, mein Mann ist Deutscher, ja, wir haben in Mannheim geheiratet, ja, die Kinder stammen aus dieser Ehe und sind deutsch.

In Wahrheit ist mein Sohn ein paar Jahre vor unserer Heirat geboren und hat nur den französischen Pass, was ich aber nicht erwähnte. Er ist der Sohn meines Mannes, und auch wenn er nicht in Deutschland geboren ist – damals lebten wir noch in Amsterdam –, ist er für mich genauso deutsch wie seine Schwestern. Ich hoffte, dass das stimmte, ich entschied mich aber, diese Frage, die mit meiner aktuellen Sache nichts zu tun hatte, erst zu beantworten, wenn ich meinen neuen Pass in Händen hielt.

Als die Formalitäten erledigt waren, fragte mich Herr S. nach meinem Test. Und wieder schrillten die Alarmglocken. Ich hatte ihn noch nicht gemacht, denn ich war davon ausgegangen, den Test erst dann machen zu können, wenn mein Antrag auf Einbürgerung akzeptiert worden war. Herr S. sprach tatsächlich von *Einbürgerungstest* (deutsch im Original), also der Überprüfung meiner Kenntnisse der deutschen Sprache, der deutschen Geschichte und der staatlichen Institutionen. Ich hatte nichts verstanden, dabei stand alles klar und deutlich auf der Internetseite vom Bürgeramt, dass nämlich der Antragsteller alle Formulare, Test inbegriffen, zur Bearbeitung einreichen müsse. Ich war ziemlich geknickt. Man musste den Eindruck bekommen, dass ich die Richtlinien auf der Internetseite gar nicht lesen konnte. Wieso hatte ich das nur falsch verstanden? Ich verstand es erst, als Herr S. es mir sagte. Ich hätte mich selbst um den Test kümmern müssen, mich anmelden und ihn machen müssen. Er war lediglich ein weiteres Dokument meiner Akte.

Einige Zeit später dachte ich noch einmal über das Missverständnis nach, und mir wurde klar, dass ich eine völlig falsche, eine romantische, irgendwie abenteuerliche Vorstellung von dem Vorgang gehabt hatte. Ich sah mich, wie ich mit jeder Etappe ein Tor der Prüfung durchschritt und für jeden Sieg gefeiert wurde, um schließlich zum Gral zu gelangen, der Einbürgerung und zu meinem neuen Pass. Aber alles war viel prosaischer, als ich es mir in meiner Phantasie ausgemalt hatte. Es ging nur darum, Formulare einzureichen, die vor allem bestätigten, dass man ein Einkommen hatte, alles andere schien den deutschen Staat, da ich ja schon europäische Staatsbürgerin war, nicht besonders zu interessieren. Das ganze Prozedere hatte nichts Heldenhaftes. Ich hatte es lediglich mit trockenen, nüchternen Gesetzen zu tun. Vor allem aber war ich überrascht. Ich war so daran gewöhnt gewesen, Bürgerin zweiter Klasse zu sein, dass ich geradezu verblüfft war, wie neutral mich der deutsche Staat behandelte.

Paris

Ich weiß nicht genau, wie alt ich war, jedenfalls noch klein, aber ich erinnere mich sehr gut an die Reaktion meines Vaters in dieser Szene. Ich hatte eine unüberlegte Bemerkung gemacht, aber sie hatte zur Folge, dass mir mein Vater ruhig, aber entschieden die Leviten las. Wir waren an der Metrostation Sèvres-Lecourbe, wo wir wohnten. Es dauerte, bis mein Vater die Tickets hervorgeholt hatte, und während wir warteten, bemerkte ich im Spaß, wir könnten doch einfach über die Drehkreuze springen. Ich hatte das schon mal gemacht! Zu jener Zeit gab es noch nicht die großen Türen, die den Durchgang blockieren. Mein Vater tat, als hätte er meinen Scherz nicht gehört, aber als wir dann in der Metro saßen, ich weiß nicht mehr, wohin wir unterwegs waren, kam er darauf zurück. Ohne mich anzusehen, sagte er, ich dürfe in Zukunft nie wieder ohne Ticket die Metro nehmen, das sei Betrug. Ich wusste, dass es verboten war, hatte aber keine Ahnung, welche Konsequenzen es haben könnte (vielleicht schimpfte ein Polizist, vielleicht musste man ein Bußgeld zahlen oder würde auf andere Art bestraft), ich erinnere mich nur, dass mir die Ermahnung meines Vaters, der mir zu verstehen gab, wie schwer mein Vergehen war, völlig übertrieben erschien. Dann sagte er, falls ich erwischt werden sollte, würde ein solches Vergehen auf »uns« zurückfallen, und ich wusste, dass er mit »uns« alle in Frankreich lebenden Schwarzen meinte, uns »die Afrikaner«. Er ließ nicht locker und vertiefte das Thema. Wenn die Leute jemanden »wie mich« dabei beobachten, wie ich die Regeln breche (die des Pariser Verkehrsverbundes RATP), würden sie sagen: »Siehst du, diese Afrikaner respektieren die Regeln nicht.« Wie jeder von »uns« sei auch ich dafür verantwortlich, mich immer und überall korrekt zu verhalten. Besser kann man einem Kind nicht zu verstehen geben, dass es nur unter bestimmten Bedingungen toleriert und akzeptiert wird. ·

Bestimmt war ich noch keine sieben Jahre alt, aber diese Lektion hatte ich verstanden. Sie hat mich geprägt, und ich erinnere mich heute so genau, weil es in meiner Kindheit eine Menge weiterer mehr oder weniger eindeutiger Lektionen dieser Art gegeben hat. Dadurch lernte ich, mich als Schwarze wahrzunehmen oder, genauer gesagt, von jenem Moment an spürte ich permanent die Blicke »weißer« Mitbürger auf mir, ich wusste, dass ihre Blicke mich auf »schwarz« oder »Mischling«, jedenfalls auf »nicht weiß« reduzierten. Mein Vater, ein Sohn der Kolonien, wurde als Kind und Jugendlicher Opfer des europäischen Rassismus, und das viel mehr als ich. Er hat einen offen gewalttätigen und physischen Rassismus erfahren. Hingegen ist der Neorassismus, den wir, die Generation danach, erlebten und erleben, nicht gewalttätig, er zeigt sich nicht offen, er ist diffus, man sieht ihn nicht, denn er ist vor allem *in* uns selbst. In den USA ist dieses Phänomen bekannt, man spricht vom »gespaltenen Bewusstsein« des Schwarzen und meint damit eine Art Entfremdung. Das gespaltene Bewusstsein entwickelt sich in zwei Schritten. Im ersten Schritt identifizieren sich die Mitglieder einer Gemeinschaft mit der Idee von zwei getrennten Gruppen. In Frankreich sind das zum Beispiel die Weißen und die Schwarzen. Ich gehöre zu gleichen Teilen beiden Gruppen an, zur weißen über meine Mutter und zur schwarzen über meinen Vater. Allerdings gibt es überhaupt kein »zur Hälfte weiß«. Außerdem kann man auch nicht zwischen beiden Gruppen wählen. Man gehört entweder zur weißen, also der dominanten Gruppe, oder man ist komplett ausgeschlossen. In einem zweiten Schritt lernt derjenige, der sich als »schwarz« versteht und somit zur unterlegenen Gruppe gehört, sich auch unterlegen zu fühlen. Und weil er weiß, dass die überlegene Gruppe ihn so sieht, ist er sich des Blicks des Überlegenen, der ihn, den Unterlegenen, (abschätzig) beurteilt, permanent bewusst. Noch heute bin ich unfähig, mein gespaltenes Bewusstsein abzuschütteln, wenn ich in mehrheitlich weißer Gesellschaft bin. Sitze ich zum Beispiel mit einem lauten Freund in einem Café, fühle ich mich sofort unwohl. Ich habe nicht nur Angst, die anderen zu stören, sondern empfinde es als unerträglich, schwarz zu sein *und* die anderen zu stören. Ich bin die Schwarze, die stört. Meine weißen Freunde sind fast alle laut, aber jedes Mal glaube ich, dass die Leute um uns herum denken, dass ich den Lärm verursache. Der laute Freund ist sehr selten schwarz, wenn aber doch einmal, steigert sich mein Unwohlsein so sehr, dass ich mich der Situation entziehen muss. Ich finde irgendeine Ausrede, um den Ort zu verlassen. Mit meinen drei Kindern Zug zu fahren ist für mich ein Martyrium. Ich sehe mich mit den Augen der Mitreisenden und werde zur Migrantenmutter mit vielen Kindern, die stören, weil sie viel zu laut sind und folglich schlecht (oder gar nicht) erzogen.

Oft frage ich mich, ob ich meine Kinder anders erziehe, als meine Eltern mich erzogen haben. Ich hoffe es, allerdings weiß ich weder, wie ich es tue, noch kann ich die Resultate meiner Erziehung messen, vor allem hinsichtlich dieses speziellen Themas. Ich habe kein Vorbild, es gibt keine bewährte Pädagogik. Meine Kinder sind noch klein, aber bei den beiden Älteren beobachte ich, dass sie sich bewusst sind, zu einer von der Norm abweichenden Gruppe zu gehören, und das ist traurigerweise die Gruppe, der sie lieber nicht angehören möchten. Meine Kinder haben eine helle Haut, heller als meine. Sie sind nur wenig dunkler als meine Mutter im Sommer. Meine ältere Tochter hat blaue Augen und helles goldenes Haar. Sie ist fünf, und das Erste, was sie im Leben gelernt hat, ist, dass sie nicht »weiß« ist, so sagt sie es selbst. Sie glaubt außerdem, dass sie viel hübscher und viel glücklicher wäre, wenn sie weiß wäre und ihr Haar nicht kraus. In Deutschland gibt es viel weniger Schwarze als in Frankreich, und manchmal zweifle ich, ob es richtig ist, meine Mischlingskinder in diesem Land aufwachsen zu lassen. Dabei scheint mir die deutsche Politik stabiler, gesünder und der Rassismus besser unter Kontrolle zu sein. Ich kann nicht leugnen, dass es schwierig ist, als Nicht-Weiße ein befriedigendes Modell zu finden, mit dem man ein positives Bild von sich entwickeln kann. Vor allem in Frankreich. Ich bin zum Beispiel eine große Leserin und liebe nichts mehr, als meinen Kindern vorzulesen. Meine Mutter ist enttäuscht, dass ich ihnen vor allem deutsche Bücher vorlese. Das liegt daran, dass man besser an sie rankommt, außerdem habe ich mich an die Art der deutschen Kinderbücher gewöhnt, es sind meistens dicke Romane mit vielen Kapiteln, das ist als Abendlektüre perfekt, jeden Abend lese ich vor dem Einschlafen ein Kapitel vor. Natürlich lese ich auch die Bücher von Astrid Lindgren vor, die in Deutschland sehr beliebt sind. Alle Deutschen meiner Generation und der Generation davor sind mit diesen schwedischen Geschichten groß geworden, *Pippi Langstrumpf* und *Wir Kinder aus Bullerbü*. In dieser idyllischen skandinavischen Welt sind die Kinder blond und nett. Diese Klassiker kennt man in Frankreich kaum. Wenn ich sie meiner Tochter vorlese, überspringe ich die Passagen, in denen »Negerkönige« und »schwarze wilde Kinder« vorkommen, die sich vor den schönen weißen Kindern verneigen, weil die schwarzen Kinder instinktiv wissen, dass die weißen ihnen überlegen sind. Solcherart Geschichten blieben mir als Kind, zumindest in meiner Familie, erspart. Meine Mutter las mir afrikanische Märchen und Schulbücher aus dem Senegal vor, wir hatten eine außergewöhnliche Bibliothek. Allerdings erinnere ich mich nicht gut an jene Zeit. Wir waren eine der wenigen Familien, ich glaube sogar die Einzige, die nicht die *Tim-und-Struppi*-Comics sammelten (wir hatten keinen einzigen Band, meine Mutter mochte sie nicht), hingegen konnte ich nicht glauben, dass niemand außer meinem Bruder und mir die Zeichentrickserie *Kassai und Leuk* kannte. Meine Eltern achteten sehr darauf, vor allem mein afrikanischer Vater, uns das nahezubringen, was er aus seiner Kindheit kannte.

Ich bemühe mich, es ähnlich zu tun. Aber ich bemühe mich auch, es so wenig wie möglich zu tun, ich will, dass meine Kinder das Gefühl haben, der Welt anzugehören, in der sie aufwachsen, das heißt der deutschen, denn in Deutschland ist Afrika immer noch sehr, sehr exotisch. Ich erinnere mich an eine Veranstaltung der Grundschule meiner Töchter zum Jahresende mit dem Thema Afrika. Man hatte uns über dieses künstlerische Projekt informiert, und meine Kinder hielten mich regelmäßig über die Inszenierung auf dem Laufenden. Aber als die Kinder dann am Tag der Aufführung als »Afrikaner« verkleidet auf die Bühne kamen, packte mich schlichtweg Panik. Die Lehrerinnen stellten sich Afrikaner als Buschmänner in eine Art Tierhaut gehüllt vor, begleitet von Trommelgetöse. Eigentlich wollte ich Fotos von meinen Töchtern machen, aber als dann noch ein Gesang prähistorischer Männerschreie ertönte, musste ich fluchtartig den Saal verlassen. Vom Flur aus versuchte ich, die Veranstaltung zu ignorieren, aber vor allem hatte ich ein schlechtes Gewissen, wie immer in solchen Situationen. Ich fragte mich, ob ich meine Kinder nicht noch schlimmeren Vorurteilen aussetzte, als ich sie aus Frankreich kenne, nur weil ich beschlossen hatte, meine Kinder in Deutschland großzuziehen. In Deutschland sah ich die Zukunft der Migranten optimistisch, aber tat ich das immer noch? Ich bin zwar wütend auf Frankreich, allerdings wachsen meine Kinder in einer viel weißeren Atmosphäre auf als meine Neffen in der Pariser Banlieue. Ich hatte auf einmal das Gefühl, meinen Kindern die 1980er Jahre meiner eigenen Kindheit zuzumuten, damals war ich eine der wenigen Schwarzen der ganzen Schule gewesen. Und was erschwerend hinzukommt, ist, dass Deutschland fast keine afrikanische Kolonialvergangenheit und daher eine ziemlich exotische Vorstellung von diesem Kontinent hat.

Ich will dem etwas entgegensetzen, also fahre ich mit meinem Sohn und meinen Töchtern regelmäßig nach Paris. Wenn wir an der Gare de l'Est ankommen, sind wir in der Fremde, dort sieht man viel mehr Schwarze als in Mannheim, das ist jedenfalls mein Eindruck. Wir besuchen meine Cousins und Cousinen, die alle zu unterschiedlichen Anteilen afrikanisch sind. Jedes Mal bin ich überrascht, im Vorortszug so viele »offensichtliche Minderheiten« zu sehen, überhaupt kein Vergleich zu Mannheim. Auch wenn Mannheim eine viel »diversere« Stadt ist als die meisten anderen Städte Deutschlands, sehe ich manchmal tagelang keinen Menschen afrikanischer Herkunft. Und wenn ich in Mannheim einem anderen Menschen afrikanischer Herkunft begegne, grüße ich ihn. Ich fühle mich dann dreißig Jahre zurückversetzt, als mich mein Vater in der Pariser Metro dazu anhielt, jedem Afrikaner zuzunicken, während mein Vater ihnen mit freundlicher und, wie mir damals schien, bewusst gesenkter Stimme, ja fast heimlich, einen guten Tag wünschte.

Karlsruhe

Als 2017 meine deutsche Einbürgerung in vollem Gange war, fanden in Frankreich gleichzeitig die Präsidentschaftswahlen statt. Zu jener Zeit beschäftigten mich das Thema Staatsbürgerschaft und mein Verhältnis zu Frankreich mehr denn je. Am 23. April ging ich gut gelaunt, aufgeregt und erwartungsvoll zum französischen Kulturinstitut in Karlsruhe. Weiter oben habe ich bereits erwähnt, dass für mich das Zusammentreffen der Expats anlässlich einer Wahl immer ein Fest war, das ich jedes Mal sehr intensiv erlebte. Ich hatte mir vorgenommen, wenigstens einen oder zwei nicht-weiße Auswanderer im Wahllokal anzusprechen, denn mir war aufgefallen, dass ich in Deutschland keinen schwarzen Franzosen kannte. Letztendlich habe ich mein Vorhaben nicht umgesetzt. Vor Ort erschien mir das völlig unangebracht, ja frevelhaft. Das Ereignis hatte für mich etwas Überwältigendes. Gegen elf Uhr morgens ging ich zum französischen Kulturinstitut, um zu wählen. Ich kannte das Viertel nicht und starrte im Gehen auf die Wegbeschreibung meines Handys, ich hob erst den Blick, als mein Navi mir sagte, dass ich mein Ziel erreicht hatte. Ich glaubte, mich geirrt zu haben, denn selbst bei der Autogrammstunde eines Popstars vor der Pariser Fnac hatte ich keine so lange Schlange erlebt. Sie führte einmal um den Häuserblock, aber fast alle in dieser albtraumhaften Warteschlange waren bester Laune, mir schien das völlig absurd. Aber auch ich war gut gelaunt. Die gute Stimmung hielt bis zum Ende des langen Wartens an, sogar bis zur Verkündigung des Wahlergebnisses – aber das ist eine andere Geschichte. Natürlich gab es ein paar Stimmen, die sich über die schlechte Organisation beklagten. Die Botschaft hätte eigentlich wissen müssen, wie viele Menschen zur Wahl kommen würden, denn es gab ja Wahllisten. Die Frage war also berechtigt, warum es so wenig Wahlhelfer und nur zwei Wahllokale gab. Die wenigen Wahlhelfer erklärten uns, es hätten sich zu wenige Freiwillige gemeldet. Und die Hälfte davon waren Deutsche.

Ich habe mit verschiedenen Unbekannten in der Schlange gesprochen, aber es war, als würde man sich schon lange kennen. Eine sympathische ältere Dame erzählte mir fast ihr ganzes Leben. Sie war aus Südfrankreich und mit einem Deutschen verheiratet, sie lebte seit bald fünfundzwanzig Jahren in derselben Gegend wie ich, lange genug, um zwei deutsche Kinder großzuziehen, aber Deutsche werden wollte sie nie. Allerdings hätte sie vor 2014 noch auf ihre französische Staatsbürgerschaft verzichten müssen. Aber jetzt gab es doch die Möglichkeit, beide Nationalitäten zu behalten. Die deutsche Staatsbürgerschaft beantragen, um in Deutschland wählen zu können, sagte sie, nein, das käme für sie nicht mehr in Frage. Sie würde bald in Rente gehen, war sich aber nicht sicher, ob sie auch in Deutschland alt werden wollte. Und wollte sie zurückkehren? Nach fünfundzwanzig

Jahren sah sie sich immer noch als ausgewanderte Französin. In Deutschland ginge es ihr gut, aber sie fühlte sich nicht zu Hause. Ich rechnete nach und sagte mir, dass das in meinem Fall noch siebzehn Jahre wären. Meine Kinder wären erwachsen und aus dem Haus, und was, wenn ich mich wie die ältere Dame in dem Land meiner Kinder genauso fremd fühlen würde wie am Tag meiner Einreise? Würde ich »zu mir« zurückkehren wollen? Aber vielleicht würde ich mich, wenn ich die deutsche Staatsbürgerschaft annahm, eines Tages in dem Land, in dem ich lebe, zu Hause fühlen. Spielt es denn überhaupt eine Rolle, in Deutschland wählen zu dürfen und, um es etwas pathetisch auszudrücken, am Schicksal des Landes mitzugestalten? Aber vor allem fragte ich mich, warum ich überhaupt einer Nation angehören wollte.

Mai

Mannheim

Im Mai habe ich nicht nur meinen Geburtstag gefeiert, sondern auch eine entscheidende Hürde auf dem Weg zu meiner Einbürgerung genommen, ich habe unter Aufsicht eine schriftliche Prüfung abgelegt, die sogar benotet wurde.

Jedes Land hat seine ganz eigenen Anforderungen für die Einbürgerung. Die erste Bedingung ist überall ungefähr dieselbe, es geht um die Anzahl der Jahre, die man ohne Unterbrechung in dem jeweiligen Land gelebt hat. In Frankreich sind es fünf, in Deutschland acht Jahre. Außerdem wird überprüft, inwieweit man die jeweilige Gesellschaft »verinnerlicht« hat. In Deutschland ist die Prüfung standardisiert, jeder Kandidat absolviert einen schriftlichen Test und unter Umständen noch einen mündlichen. Es handelt sich um den »Test zur Einbürgerung«, wie es ihn auch in den USA gibt. In Frankreich werden die Sprachkenntnisse in einer schriftlichen Prüfung getestet. Außerdem wird in einem Gespräch auf dem Polizeipräsidium überprüft, wie vertraut man mit der Geschichte und den Traditionen des Landes ist und bis zu welchem Grad man diese Kenntnisse verinnerlicht hat. Die Vorstellung, einen mündlichen Test bei der Ausländerbehörde Mannheims oder, noch schlimmer, auf dem Pariser Polizeipräsidium abzulegen, verursachte mir großes Unbehagen. Sicher hätte ich ziemlich schlecht abgeschnitten. Ich war schon immer schriftlich besser als mündlich. Ein Glück, dass ich als Französin geboren bin.

Eine schriftliche Prüfung hat den Nachteil, dass man sich um einen Termin kümmern muss und sie zusammen mit anderen ablegt. In Mannheim sind die Prüfungstermine lange im Voraus festgelegt, sie finden ungefähr alle vier Monate statt. Man muss sich rechtzeitig anmelden, denn es gibt immer zahlreiche Kandidaten. Gleich nach meinem Termin bei der Ausländerbehörde habe ich mich angemeldet, ich hatte Glück, ich konnte mich noch einschreiben, der nächste Test sollte acht Wochen später stattfinden. Das ging relativ einfach und unbürokratisch, innerhalb einer Viertelstunde war die Sache erledigt. Man musste vor Ort fünfundzwanzig Euro bezahlen. Ein Deutschdiplom konnte ich bereits vorweisen, somit war ich vom Sprachtest befreit, der wäre viel teurer gewesen, ungefähr hundert Euro. Die Frau, bei der ich mich einschrieb, war nett, zwar wollte sie ganz offensichtlich mit mir und meinen Fragen keine Zeit verlieren, wickelte aber den Vorgang anstandslos ab. Wenn man die Sprache gut spricht, wird man in der Regel besser behandelt. Diese Erfahrung habe ich immer wieder gemacht, und mir erscheint das vollkommen absurd. Es ist idiotisch, jemanden anzufahren, weil er sich in der Sprache, die nicht seine Muttersprache ist, schlecht ausdrückt. Oft sind gerade diejenigen besonders ungeduldig, die dazu da sind, zu helfen und Auskünfte oder einen Rat zu geben.

Das Büro, in dem ich mich zum Test eingeschrieben hatte, verließ ich mit einem Packen Papiere, die auch Listen, Links und Hinweise auf Apps zur Vorbereitung auf den Test beinhalteten. Kaum zu Hause, aktivierte ich eine der angegebenen Apps. Nachdem ich sie geöffnet hatte, wurde mir bewusst, dass ich überhaupt keine Vorstellung von dem Test hatte, aus wie vielen Fragen er bestand (dreiunddreißig) und was ich wissen musste (von allem etwas, aber nichts wirklich Bedeutendes). Ich wurde also zur Spezialistin. Der deutsche Test umfasst dreiunddreißig Fragen, die einem vom Innenministerium festgelegten Katalog von dreihundertzehn Fragen entnommen sind. Als dieser Test 2006 eingeführt wurde, richtete er sich ausschließlich an muslimische Kandidaten. Zu meiner Zeit in den Niederlanden wurde dort ein ähnlicher Test eingeführt. Er richtete sich ebenfalls hauptsächlich an muslimische Immigranten, mit ihm sollte übergeprüft werden, ob die neuen Mitbürger mit den grundlegenden »Normen und Werten« des Landes vertraut waren. Beamte hatten einen Katalog mit Fragen aller Art erstellt. Es sollte festgestellt werden, ob die Integration gelungen war, und eine der Fragen lautete: »Ali nimmt den Bus und stellt fest, dass der Busfahrer eine Frau ist. Was muss Ali tun? Soll er auf den nächsten Bus warten oder akzeptieren, dass in den Niederlanden Männer wie Frauen Busfahrer beziehungsweise Busfahrerinnen sein können?« In den Niederlanden wurde der Test diskutiert, allerdings nur marginal. Der deutsche Test zeigt eine ähnliche Geisteshaltung. Den Migranten wird unterstellt, die grundlegenden Regeln des europäischen Miteinanders nicht zu kennen, insbesondere die der geschlechtlichen Gleichberechtigung, die zu einem starken Symbol der Überlegenheit westlicher Zivilisationen geworden ist. Jeder, der behauptet, westlich eingestellt zu sein, gratuliert sich zur Errungenschaft der Gleichberechtigung. Ich frage mich, welcher Ausländer nicht in der Lage wäre, auf diese Art Fragen zu antworten. Dann gibt es ein paar Fragen zur deutschen Geschichte, Dinge, die jedes deutsche Kind in der Schule lernt. Abgefragt wird eher ein anekdotisches, teils oberflächliches historisches Wissen. Als würde man in einem Saal voller Franzosen »1515« rufen, und alle würden im Chor »Marignan« antworten (https://de.wikipedia.org/wiki/Schlacht_bei_Marignano). Die meisten Fragen kreisen um die Verfassung, aber auch die sind oberflächlich und beantworten sich praktisch von selbst, wie zum Beispiel: Ist die Todesstrafe in der deutschen Verfassung verankert? Kann ein Regierungsmitglied ein Presseorgan verbieten, weil es anderer Meinung ist?

Da der Test keine Herausforderung für mich darstellte, war ich schnell vorbereitet. Den Test habe ich dann am 8. Mai gemacht. Wie immer war ich zu früh. Die meisten Kandidaten, die mit mir zusammen warteten, waren Leute aus dem »Süden«: Afrikaner, Nordafrikaner, Araber, Afghanen. Die Weißen kamen in erster Linie aus Osteuropa, ich entdeckte ein paar Russen. Schließlich saßen wir alle im Saal, und ich versuchte anhand der Pässe, die Nationalitäten auszumachen, denn jeder musste seinen vor sich auf den Tisch legen. Nicht weit weg von mir sah ich einen französischen. Aber die Situation erlaubte es nicht, sich anzusprechen.

Bevor der Test ausgeteilt wurde, spielte sich folgende Szene ab:

Eine Aufseherin schickte einen Mann wieder weg, weil er seinen Personalausweis dabeihatte, er hatte sich jedoch einige Monate zuvor mit seinem Pass angemeldet. Und die Vorschrift besagte, dass man zu beiden Terminen dasselbe Dokument mitbringen müsse. Die Szene war schrecklich, der Mann bettelte zunächst (der nächste Test, den er machen könnte, sei erst in vier Monaten). Dann glaubte er sich gerettet, als er auf die Idee kam, seine Frau anzurufen, sie könne ihm in spätestens zwanzig Minuten den Pass vorbeibringen. Aber die Aufseherin ließ sich nicht darauf ein. Sie wollte den Test nicht verspätet anfangen lassen und es vermeiden, dass die anderen gestört wurden, wenn sie den Mann später wieder in den Saal lassen müsste. Der Mann war gezwungen, seine Sachen zu nehmen und zu gehen und sich für den Test vier Monate später anzumelden. Nach dem heftigen Wortwechsel zwischen diesem armen Mann und der Aufseherin war die Stille im Saal zum Schneiden. Kaum einer wagte, auch nur einen Stift aus seinem Mäppchen hervorzuholen. Das Unbehagen war mit Händen zu greifen. Die Szene bedrückte mich, und ich fühlte mich wie die brave Schülerin gegenüber diesem armen Mann, der die Vorschriften nicht kannte und wahrscheinlich nie vollständig verstehen würde.

Ich war mir sicher, den Test bestanden zu haben. Kaum zwei Wochen später bekam ich das Ergebnis: einunddreißig Punkte für dreiunddreißig Fragen. Wie man den Test nicht bestehen kann, außer man versteht die Fragen nicht oder spricht nicht gut genug Deutsch, ist mir unbegreiflich. Eine Stunde Vorbereitung reicht völlig, also frage ich mich, was der Test wirklich prüfen soll. Warum gibt es ihn überhaupt? Wozu diese nebensächlichen und oberflächlichen Fragen? Als er in den Niederlanden eingeführt wurde, war mir klar, wozu er diente. Es sollte vor allem den »waschechten« Niederländern, besonders den rechten Wählern, demonstriert werden, dass der Staat von den Neuankömmlingen verlangt, die gesellschaftlichen Sitten und Gebräuche zu kennen und sich ihnen zu beugen. Gewisse Forderungen sind vernünftig, aber dass die meisten Fragen die Gleichberechtigung betreffen, ist natürlich absurd, andererseits wundert es einen nicht, dass in einer mehrheitlich islamophoben Gesellschaft, für die Muslime generell homophobe Machos sind, die geschlechtliche Gleichheit ein zentrales Thema ist, das gilt schließlich nicht nur für die Niederlande, sondern weitgehend für alle westlichen Gesellschaften. Man könnte meinen, dass der Test zur niederländischen Einbürgerung einzig aus dem Grund ausgearbeitet wurde, um zu überprüfen, ob die Kandidaten wissen, dass in einem zivilisierten Land wie den Niederlanden Frauen das Recht haben, einen Bus zu steuern. Aber vor allem versicherte man damit der »einheimischen« Bevölkerung, dass die neuen Mitbürger darin geprüft werden. Die Testfragen haben sich mittlerweile geändert, und der deutsche Test, den ich gemacht habe, war alles andere als die von mir beschriebene Karikatur. Trotzdem finde ich die Fragen grob vereinfacht und aus dem Zusammenhang leicht zu beantworten. Das Ganze wirkt sowieso eher wie ein Ritual. Die strengen Regeln des Verfahrens und die Hartnäckigkeit, mit der es betrieben wird, stehen in keinem Verhältnis zu den einfachen, fast naiven Fragen. Wäre die Sache nicht so wichtig, könnte man über die Inszenierung nur lachen. Es hat etwas von einer Komödie, wie nachdrücklich der Staat seine Seriosität demonstrieren will. Aber es ist auch ein demütigendes Ritual, bei dem man wie ein kleines Kind behandelt wird. Denn das ganze Theater wird ja einzig und allein veranstaltet, um den Kandidaten spüren zu lassen, dass er in der schwächeren Position ist.

Karlsruhe

Zwei Tage nach der Prüfung fand die zweite Runde der französischen Wahlen statt. Mein emotionaler *rollercoaster* ging weiter, innerhalb von achtundvierzig Stunden wechselte ich von einer zur nächsten Nationalität. Die Stimmung in Karlsruhe war noch besser als im April, ja fast euphorisch. Wir wussten, wer die Wahl gewinnen würde, und hofften nach Bekanntgabe des Resultats auf ein großes Fest, die furchterregend lange Schlange vor dem Wahlbüro änderte nichts an der guten Laune. Emmanuel Macron war nicht mein Kandidat, aber der allgemeine Optimismus steckte mich an. Deutschland war von dem europäischen Obama hingerissen, und auch ich war zuversichtlich. Vor allem begeisterte mich, dass sich seine politische Bewegung nicht besonders für das Thema Migration interessierte. Ich hatte die Hoffnung, dass er, sollte er gewinnen, ein offenes und multiethnisches Europa vorantreiben würde. Vielleicht würden wir aus dem rassistischen, populistischen Albtraum aufwachen und endgültig die Armee der sogenannten patriotischen Hasser zurückdrängen und auf eine kleine Brigade dezimieren, so wie in den amerikanischen Serien meiner Kindheit, in denen Gerechtigkeit und das Gute immer über das Böse und die Angst siegten.

Die Deutschen jedenfalls glaubten an Aufbruch. Emmanuel Macron und Angela Merkel waren sich unter anderem in der Frage der Migration einig, Migration sei keine Katastrophe, sondern eine Herausforderung, die das vereinte Europa mühelos bewältigen würde.

Nach der Wahl kehrte ich nach Mannheim zurück, satt und zufrieden wie nach einem feuchtfröhlichen Essen. Ich war zuversichtlich hinsichtlich der Zukunft Frankreichs und schöpfte auch wieder Hoffnung für Europa. Ich erlebte einen der seltenen Glücksmomente, wie sie mich manchmal überkommen.

Juni

Mannheim

Nach dem Test ging alles ganz schnell. Anfang Juni hatte ich einen weiteren Termin bei Herrn S., ich hatte mein Testergebnis dabei und ein Formular, mit dem ich bestätigte, keiner terroristischen Gruppierung anzugehören und auch nicht vorhatte, es zu tun. Merkwürdig, dass ich mich nicht an den genauen Tag erinnere, ich weiß nur, dass es im Juni war, wahrscheinlich ein Montag, denn Behördengänge erledige ich in der Regel montags. Ich wollte lediglich die noch fehlenden Dokumente nachreichen, ansonsten hatte ich keine Erwartungen an diesen Termin. Herr S. überprüfte die Papiere rasch und teilnahmslos und zog dann meine komplette Akte aus einem Stapel auf seinem Schreibtisch hervor. »Alles da«, sagte er. Plötzlich erhob er sich und bat mich, dasselbe zu tun. Er reichte mir ein Blatt mit einem Satz, den ich laut vorlesen sollte, um damit meine Loyalität zur deutschen Verfassung zu bekunden. Verlegen kam ich der Bitte nach, und mir wurde klar, dass dies der große Moment war, der Übertritt. Ich, die Ausländerin, wurde deutsche Staatsbürgerin. Als ich realisierte, was vor sich ging, wollte ich den Moment in die Länge ziehen, ich wollte ihn als bedeutenden Schritt feiern, als etwas Einschneidendes.

Ich war fassungslos, dass meine Einbürgerung auf diese Weise geschah, ein kurzer Wortwechsel mit Herrn S., der mit meiner Akte in der Hand gedanklich schon wieder bei etwas anderem zu sein schien. Er sagte einen abschließenden Satz, dessen Zeuge ich allein war. Plötzlich schnürte sich mir die Kehle zu, und ich fing an zu weinen. Das war mir unglaublich peinlich, völlig deplatziert, ich wusste selbst nicht, wie mir geschah. In Herrn S.s Gesicht nahm ich den Schatten eines Lächelns wahr, leicht verlegen, fast gerührt. Mit empfindsamen Klienten erlebte er das bestimmt immer wieder. Vor dieser Art Gefühlsanwandlungen schützte ihn aber sicher dieser Ort, sein vor allem Banalität und Kälte ausstrahlendes Büro. Jedenfalls waren meine Gefühle hier sicher fehl am Platz. Als er mir ankündigte, dass ich zu gegebener Zeit eine Einladung zu einer Zeremonie mit dem Bürgermeister von Mannheim erhalten würde, verstand ich das als Beruhigung, fast als Entschuldigung seinerseits. Einmal im Jahr feierte die Stadt ihre neuen Mitbürger, wahrscheinlich würde die Zeremonie Ende des Jahres oder im nächsten Jahr stattfinden. Mir schien diese Angabe etwas vage, Herr S. klang wenig überzeugend, und ich fragte mich, ob diese Zeremonie wirklich stattfinden würde. Außerdem hatte ich noch nie davon gehört. Ich glaubte ihm nicht ganz, muss aber gestehen, dass mich die Aussicht auf diesen Festakt etwas tröstete.

Da mein Mann an diesem Abend arbeiten musste, brachte ich erst die Kinder ins Bett und trank dann allein ein Glas deutschen Sekt, ich wollte mir das Gefühl geben, dass ich etwas zu feiern hatte. Es war ein bisschen so, als hätte ich das Abitur gemacht und niemand hätte es mitbekommen. Mir fehlte der Applaus. Meine Mutter wollte ich allerdings nicht anrufen und ihr von meinem Tag erzählen. Ich hatte Angst, sie würde mein Siegesgefühl nicht teilen.

Ein Handschlag in einem holzfurnierten Büro, und ich wurde Deutsche. Ein paar Tage später erhielt ich ein vom Mannheimer Bürgermeister unterschriebenes offizielles Dokument, das meine Einbürgerung bestätigte, damit würde man mir den deutschen Pass ausstellen. Noch am selben Tag vereinbarte ich einen Termin beim Bürgeramt. Dort beantragte ich den Pass und den Personalausweis, ich wollte beides haben. Auch für meinen Sohn beantragte ich einen deutschen Pass. Bis dahin besaß er nur einen französischen, er konnte ihn behalten, aber ich wollte unbedingt, dass wir alle fünf deutsche Papiere besaßen. Für die Zukunft wollte ich Fragen der Zugschaffner oder der Flughafenpolizei vermeiden, man weiß ja nie. Nach Beantragung der Papiere blieb mir nichts anderes übrig, als zu warten. In ungefähr vier Wochen sollten die Dokumente fertig sein und zur Abholung beim Bürgeramt bereitliegen. Ende Juli, einen Tag vor unserem Urlaub, holte ich sie ab. Mein neuer Personalausweis hatte das Format einer Kreditkarte, unsere Pässe waren prachtvoll, ziemlich unbiegsam, sie schienen unverwüstlich und wirkten irgendwie vertrauensvoll. Die Diskussion in England, ob der britische Pass wieder blau wie zuvor werden oder europäisch-bordeaux bleiben sollte, war mir nicht entgangen, und ich fand das unerträglich. Aber meinen neuen Pass habe ich tagelang bewundert, und jedes Mal, wenn ich an ihn dachte, schoss Adrenalin durch meinen Körper: Ich besitze einen deutschen Pass, ich besitze einen deutschen Pass!

Jerusalem

Eine Woche später flog ich nach Jerusalem. 2017 bin ich wirklich viel gereist. Auch diese Reise unternahm ich für meinen Verlag. Mit dreißig anderen Verlagskollegen aus den unterschiedlichsten Ländern war ich zur Jerusalemer Buchmesse eingeladen worden, um den israelischen Buchmarkt kennenzulernen. Das war eine einmalige, intensive und aufwühlende Erfahrung, an die ich mich noch lange erinnern sollte. Israel zeigte sich in der Woche, die wir dort waren, von seiner ganzen Komplexität, vor allem politisch. Zu Tel Aviv kann ich nichts sagen, dort war ich nicht, aber in Jerusalem ist alles politisch, symbolisch und historisch aufgeladen. Ich arbeite für einen deutschen Verlag und reise aus Frankfurt an, also entschied ich mich, auch als Deutsche nach Israel einzureisen. Ich besaß einen nagelneuen deutschen Pass und glaubte, dass es die Sache erleichtern würde, denn ich rechnete bei der Einreise mit strengen Kontrollen am Flughafen von Tel Aviv. Ich hatte gehört, dass man mit einem muslimischen Namen wie meinem sehr lange aufgehalten werden konnte, und ich hatte Angst, die Sache zu verkomplizieren, wenn ich mit meinem französischen Pass reisen würde, obwohl ich in Deutschland lebe. Mir war bewusst, dass ich mit meinem deutschen Pass eventuell Neugier wecken könnte.

Jeder nichtjüdische Deutsche würde, wenn er die Wahl hätte, mit jedem anderen Pass als dem deutschen nach Israel einreisen. Aber ich habe nun mal eine andere Geschichte.

Ankunft und Einreise verliefen am Ende zügig und problemlos. Trotzdem war ich nervös, als bei der hochtechnisierten Grenzkontrolle mein biometrisches Passfoto gescannt wurde. Ich rechnete jede Sekunde damit, dass mich ein Polizist ansprach. Offenbar fühlte ich mich in meiner neuen Identität noch nicht besonders wohl. Ich kam mir vor, als hätte ich mir unrechtmäßig etwas angeeignet, und bewegte mich absichtlich langsam zwischen Zoll und Gepäckausgabe. Ich wollte nicht, dass man auf die Idee kam, ich wäre auf der Flucht.

Der israelische Buchmarkt ist winzig. Es gibt nur eine Handvoll Verleger, und unsere Reisegruppe hatte den Rundgang über die Jerusalemer Buchmesse schnell erledigt. Daher hatten wir viel Zeit, die Stadt und andere spektakuläre Stätten des Landes zu besichtigen: die Ruinen von Massada, das Tote Meer, in dem wir badeten, Yad Vashem. Wir waren eine gemeinsame Gruppe, aber weil ich nicht weiß bin, fühlte ich mich ein bisschen isoliert. Diese Erfahrung machte ich nicht zum ersten Mal. Der typische Tourist, abgesehen von Chinesen und Japanern, ist weltweit eher weiß. Selten ist er Afrikaner. Vielleicht wurde ich deswegen am Hoteleingang aufgehalten, als ich eines Nachmittags alleine ins Hotel zurückkehrte. Man wollte nicht glauben, dass ich Hotelgast war.

In dieser Woche musste ich immer wieder an eine Freundin aus meiner Kindheit denken, die Jüdin und heute mit einem Franzosen afrikanischer Herkunft verheiratet ist. Im Januar 2015, kurz nach dem Attentat auf *Charlie Hebdo*, als ich nach Paris gefahren war, um auf einer Demo zwischen der Place de la Nation und République lauthals meine Bestürzung und meinen Glauben an ein geeintes Frankreich zu manifestieren, hatte mir meine Freundin erzählt, dass sie in den sozialen Medien über ihr *Alija*-Projekt (https://de.wikipedia.org/wiki/ Alija) berichtet hatte, von dem sie mir schon vor zehn Jahren berichtet hatte. Damals hatte ich sie nicht ernst genommen, war aber auch ein bisschen neidisch und schämte mich deswegen. Auch ich träumte ja von einem Rückzugsort, zumindest von der Vorstellung, von einem Land, in das ich gehen könnte, sollte ich eines Tages enttäuscht feststellen, dass ein afroeuropäisches Leben nicht realisierbar ist. In Jerusalem wurde mir klar, dass für meine Freundin und ihre Familie, sollte sie wirklich den Schritt wagen, ein *Alija*-Leben nicht einfach werden würde. Leider haben wir den Kontakt verloren, und ich weiß nicht, was daraus geworden ist. Das ist schade, und heute werfe ich mir vor, dass ich sie damals nicht intensiver befragt habe und ihr nicht von meinen Ängsten und meinen Frustrationen als Afro-Französin erzählt habe. Vielleicht hätten wir gemeinsam die politische Situation unserer Kindheit und Jugend beweint, einer Zeit, in der uns jeder für verrückt erklärt hätte, weil meine Freundin vom Exil im Nahen Osten träumte und ich aus Angst vor der extremen Rechten in Frankreich Deutsche werden wollte. Man hätte uns auch für verrückt erklärt, weil wir unsere Kinder weit weg von den Orten und der Sprache unserer eigenen Kindheit aufwachsen lassen wollten.

August

Bretagne

Mein Sommer hatte in diesem Jahr mit vielen administrativen Erledigungen, Fernreisen und außergewöhnlichen Begegnungen begonnen, und Anfang August fuhren wir wie jedes Jahr in die Ferien in die Bretagne. Meine Großeltern hatten sich nach ihrer Pensionierung in Saint-Malo niedergelassen. Alle Ferien meiner Kindheit habe ich dort verbracht, die Bretagne ist mir fast so vertraut wie Paris. Auch mit meinen Kindern fahre ich jeden Sommer dorthin, ich möchte ihnen diese Erfahrung weitergeben. Eigentlich fühle ich mich in der Bretagne zu Hause, aber seit ich erwachsen bin, kann ich das schrecklich Bürgerliche dort nicht mehr ausblenden. Und wenn ich bürgerlich sage, meine ich vor allem »weiß«. Wenn ich von Deutschland nach Paris fahre, komme ich in an der Gare de l'Est an. Und jedes Mal bin ich verblüfft über die vergleichsweise vielen Nicht-Weißen dort und im Bahnhofsviertel. An der Gare Montparnasse ist die Bevölkerung schon weniger gemischt. An den bretonischen Stränden geht die Quote der Afrikaner oder der Kinder von Afrikanern sowie anderer dunklerer Hautfarben gegen null. Dasselbe kann man erleben, wenn man in Paris die Metrolinie 6 nimmt. Zwischen den Stationen Place d'Italie und Cambronne wechselt die Bevölkerung zusehends, ist man in

Passy angekommen, sieht man nur noch Weiße. Die Sommerurlauber an den Stränden der bretonischen Nordküste könnte man auch im gutbürgerlichen 16. Arrondissement von Paris oder im Vorort 92, dem Département Hauts-de-Seine, antreffen. Die Frauen tragen Haarreifen und sind auch dann noch schick, wenn sie vom Strand zurückkommen. Die männliche Uniform besteht aus blassrosa Shorts und Segelschuhen. Ihre Kinder heißen Garance, Aloïs oder Arthur.

Mein Mann, dem diese Erkennungsmerkmale nichts sagen und der sie daher nicht auf die Urlauber in den unterschiedlichen Regionen Frankreichs anwenden kann, liebt unsere Ferien in der Bretagne, ein Ritual, das er mit großer Begeisterung übernommen hat. Obwohl er das erste Mal, als er mit mir zusammen dort war, nicht ganz so gute Erfahrungen gemacht hat. Die wenigen »nicht böse gemeinten« Bemerkungen zu seiner Nationalität waren ihm nicht entgangen. Meine Freunde, meine Familie, fast jeder riss einen blöden Witz. Ich war überrascht und fand es überhaupt nicht witzig, ließ es aber geschehen. Wahrscheinlich habe ich es nicht gleich durchschaut, und vielleicht fand ich es auch nicht so schlimm, denn ich gehörte ja zur Mehrheit, ich war eine von ihnen und fühlte mich zu Hause und im Recht, weil ich Französin und nicht Deutsche war, also lachte ich mit den anderen über die »nicht böse gemeinten« Witze. Ich sah, wie mein Freund (damals noch) errötete, sich schämte und verstummte, während ich mir sagte, dass er das schon überleben würde. Damals wurde mir klar, warum die Deutschen, zumindest die, deren Großeltern oder Eltern keine Opfer des Nazi-Regimes waren, im Ausland ihre Scham runterschlucken und jederzeit so tun, als ob sie es überhörten oder nicht übelnahmen, wenn man Witze machte über die Nazis, die harte deutsche Sprache, die steife Kultur, die asketische Lebensweise, die lächerliche Korrektheit und die deutsche Sparsamkeit. Zugegebenermaßen habe ich, als ich Deutschland noch nicht so gut kannte, auch diese Art Witze gemacht. Meine Sichtweise hat sich nach der Geburt meines Sohnes geändert, diese Witze verletzten jetzt auch mich, und ich konnte sie nicht mehr hören. Als mein Sohn anfing zu sprechen und sich meine Verwandten über seinen sogenannten deutschen Akzent lustig machten, protestierte ich. Damals stellte ich fest, dass es in Frankreich und übrigens auch in den Niederlanden üblich ist, auf die Deutschen einzudreschen, natürlich »nie böse gemeint«. Der Stimmungsmacher vom Dienst bedient sich immer gern bei der Nazi-Vergangenheit.

In jenem Jahr war ich bereit zur Auseinandersetzung. Ich wollte von meiner Einbürgerung berichten, ich wollte darüber mit meiner Familie, meinen Freunden und allen, die es interessierte, sprechen. Aber ich wusste, dass ich nicht nur auf Begeisterung stoßen würde. Ich war gespannt, inwieweit ich nun selbst Opfer der Witze über die Deutschen werden würde. Sich in Deutschland einbürgern zu lassen und nicht mehr nur Französin zu sein, war schließlich keine Kleinigkeit, ich hatte Angst vor den Reaktionen. Aber nun war ich eben auch Deutsche. Ich gestand es mir nicht ganz ein, aber ich hätte es auch bedauert, wenn gar keine Witze gekommen wären, weil nur die echten Deutschen ein Recht darauf haben. Ich befürchtete Bemerkungen darüber, dass meine neue Identität nicht stimmig sei: »Du, Deutsch«? Und genau etwas in der Art geschah in diesem Sommer.

In der Bretagne wohnen wir immer in demselben Haus oberhalb der Küste, es sind zu Fuß nur zehn Minuten zum Dorf mit seinen Geschäften und auch nur zehn Minuten zu einem wunderschönen großen Strand, ein Geschenk der Natur. Mehrmals am Tag kraxeln wir die Küste hoch, was einerseits eine Schinderei, aber auch eine der Freuden unserer Ferien ist. Die Kinder messen ihre mit jedem Jahr wachsenden Kräfte. Der Aufstieg macht auch lange Unterhaltungen möglich, die wir sonst nicht führen würden, vor allem meine Mutter und ich. Als ich einmal mit meinem Sohn vom Strand zurück aufstieg, ereignete sich Folgendes. Wir unterhielten uns angeregt, als vor uns zwei Männer auftauchten, es waren Vater und Sohn, die langsam ein schweres Möbelstück transportierten. Als sie uns hinter sich bemerkten, traten sie zur Seite und ließen uns vorbei. Wir überholten sie, und da müssen sie gehört haben, dass wir nicht Französisch sprachen. Ein paar Meter weiter hatten sie uns wieder eingeholt, und der Ältere rief uns einen Witz zu, den ich vergessen habe, aber dann fragte er, in welcher Sprache wir uns unterhielten. Ich antwortete ihm, dass wir Deutsch sprachen, woraufhin er erwiderte, das habe er sich schon gedacht, aber er

sei nicht sicher gewesen, da wir so gar nicht »deutsch ausse-
hen« würden. Er fand das amüsant, wirkte fröhlich, alles andere als unfreundlich jedenfalls. Aber ich hatte meine Zweifel, ob er uns nicht doch auf den Arm nehmen wollte. Also
fragte ich, wie er das meine, nicht deutsch auszusehen, was
ihn nicht verunsicherte, sondern ganz im Gegenteil zu der
Bemerkung ermunterte, für Deutsche seien wir aber ganz
schön braun, HaHaHa. Ich erinnere mich nicht mehr, was
ich erwiderte, ich erinnere mich nur an meine Wut und dass
ich versuchte, ruhig und gefasst zu bleiben. Mein Sohn ver-
folgte diese Unterhaltung sehr aufmerksam. Mit deutlichen
Worten erklärte ich diesem Mann in rosa Shorts, während
ich ihn innerlich beschimpfte, es gäbe durchaus ganz verschiedene Deutsche und meine Kinder und ich, wir seien
ohnehin Weltbürger und dass wir nicht »nach etwas Bestimmten aussähen«, sondern nach dem, was wir entschieden hätten zu sein. Diese Szene hat mich lange verfolgt und
regt mich bis heute auf. Das ist genau die Art gutmütiger Bemerkungen von Leuten, die glauben, sich gegenüber Menschen aus den ehemaligen Kolonien alles rausnehmen zu
dürfen. Ich weiß nicht, wie oft mich diese Bemerkungen seit
meiner Kindheit verletzt haben. Ich nenne hier nur ein paar
Klassiker: »Woher kommst du ... Nein, ich meine wirklich?«,
oder andere »nicht böse gemeinte« Bemerkungen, völlig un-
schuldig dahergesagt, wie »du kannst bestimmt gut tanzen,
du hast das im Blut«; »beklag dich doch nicht über die Hit-
ze, da, wo du herkommst, ist es bestimmt heißer«; »du und
Whoopi Goldberg, ihr ähnelt euch wie ein Ei dem anderen«

oder als Variante »du siehst Naomi Campbell echt ähnlich«; oder weiter »bei dir geht's ja noch, du bist nicht wirklich schwarz«; »ich habe noch nie mit einer Schwarzen geschlafen«; »darf ich deine Haare anfassen?«; »deine Mutter ist aus der Normandie? Sag bloß«; »gib mir deine Hand, Schneewittchen«; »wie ist es, wenn du rot wirst?«; »ihr wollt doch sicher alle immer nur das eine, oder?«, »für eine Schwarze bist du eigentlich ganz hübsch«; »du darfst Schweinefleisch essen, bist du sicher?« usw.

Das ist der alltägliche Rassismus, über den man sich nicht beklagen darf, weil man es ja »nicht böse« meint. Ich frage mich oft, was man sich anhören müsste, wenn es die Leute wirklich böse meinen.

Diese nicht-rassistischen rassistischen Bemerkungen haben mich gezwungen, einen sechsten Sinn zu entwickeln, und zwar großes Misstrauen. Ich reagiere nicht nur sensibel auf das, was ich höre, sondern auch auf das, was ich zu hören glaube, und besonders ermüdend, ich reagiere auf etwas, bevor es überhaupt gesagt wurde. Bevor ich in diesen Sommerferien über meine Einbürgerung sprach, hatte ich auf diffuse Weise negative Reaktionen antizipiert. So rechnete ich damit, dass mir die Franzosen Verrat vorwerfen würden. In meinem Fall ein besonders unbegründeter Verrat, weil man, so glaubte ich, meine Einbürgerung als Bestätigung dafür sehen würde, dass ich tatsächlich nie eine von ihnen war. Sie hätten mich mit offenen Armen aufgenommen, und ich sei undankbar. Ein solcher Vorwurf wurde nie eindeutig ausgesprochen, und gut möglich, dass ich manche Äußerung oder manches Schweigen falsch interpretiert habe. Manchmal fällt es mir schwer, zwischen dem tatsächlich Gesagten und dem von mir eingebildeten Gesagten zu unterscheiden. Trotzdem vertraue ich meinem sechsten Sinn.

Meine erste Unterhaltung zu diesem Thema fiel eindeutig negativ aus. Auf dem Weg von Mannheim in die Bretagne traf ich mich mit einer Freundin zum Mittagessen in einem Pariser Café. Als ich ihr von meinem neuen Pass erzählte, reagierte sie kühl und reserviert, also schob ich sofort meinen Standardsatz hinterher, dass ich in Deutschland wählen wollte, da ich ja dort lebe und meine Steuern zahle und meine Kinder dort aufwachsen. Deutschland sei ein großartiges Land, fuhr ich fort, dort sei mein Leben und dort wollte ich bleiben, denn falls sich meine Angst bestätigen sollte, dass die Europäische Union auseinanderbricht, wollte ich die Sicherheit haben, in Deutschland bleiben und arbeiten zu können. Das Wichtigste kam mir jedoch erst zum Schluss in den Sinn. Als meine Freundin immer noch übellaunig dreinsah und mir ihr wachsendes Befremden unerträglich wurde, versuchte ich, sie milde zu stimmen, indem ich mein bestes Argument in den Ring warf, und zwar, dass ich ja weiterhin auch Französin blieb. Ich erinnere mich, dass ich es mit lauter Stimme sagte und mich sofort dafür schämte und besorgt umherblickte, ob uns hoffentlich niemand zuhörte. Schließlich sagte meine Freundin nur, sie habe nichts übrig für »Doppelagenten«. Damit war die Unterhaltung beendet, wir aßen weiter und sprachen über das Wetter. Meine Freundin hat diese Unterhaltung vergessen, ich jedoch schwor mir, dieses Thema nie wieder in ihrer Gegenwart anzuschneiden, ich würde wie so oft über alles Mögliche reden, nur nicht über das, was mir wichtig war.

Im Nachhinein fand ich meine Reaktion armselig, ich hätte ihr offensive Fragen stellen sollen, unter anderem, was sie unter »Doppelagent« verstand, und warum sie diesen negativen Begriff verwendete. Ich hätte sie fragen sollen, mit welchem Recht sie so unverhohlen eine absolut legitime Entscheidung verurteilte, die ich sachlich begründet hatte.

Nach dieser Unterhaltung sammelte ich weitere Meinungen zum Thema. Ich wollte der Sache auf den Grund gehen, ihr sozusagen den Teufel austreiben. So habe ich in jenem Sommer sehr viel geredet und auch viel zugehört. Niemand gratulierte mir zu meinem neuen Pass. Bestenfalls reagierten die Leute neutral und zeigten Verständnis. Manche reagierten jedoch schlichtweg feindlich. Andere warfen mir sogar Verrat und Undankbarkeit vor, was ich als sehr aggressiv empfand. Andere erteilten mir Ratschläge, ich solle aufpassen, dass ich die Verbindung zu Frankreich nicht verliere. Ob ich an meine Kinder gedacht hätte? Einige machten sich Sorgen um deren Zukunft, ob sie sich zumindest noch etwas Französisch fühlen würden? Die Selbstverständlichkeit, mit der sich Leute, die ich kaum kannte, in mein Leben einmischten, verblüffte mich. Das geschah allerdings nur dann, wenn ich einiges von mir preisgab. Aber auch dann empfand ich die Ratschläge, die fast wie Anordnungen klangen, als übergriffig. Eine Kollegin, mit der ich darüber in Paris sprach, wo ich auf dem Rückweg von der Bretagne Station machte, regte sich regelrecht auf. Wir hatten uns erst an dem Tag bei einem Essen mit Verlagsleuten kennengelernt. Sie war wesentlich älter als ich und schon lange in dem Beruf, was vielleicht der Grund war, dass sie so offen mit mir redete. Sie schrie mich fast an, als ich gestand, meine Töchter hätten (noch) keine französischen Papiere, sie waren zu dem Zeitpunkt vier und eins. Ich erwiderte, ich sei dabei, und es sei ja noch Zeit, aber sie überschüttete mich mit apokalyptischen Vorhersagen. Wenn meine Kinder erwachsen seien, würden sie es mir nie verzeihen, ich würde sie ihrer Identität berauben. Ich flüsterte, es sei nur ein Teil ihrer Identität, aber sie hörte es nicht oder tat so, als ob sie es nicht hörte. Sie mache sich Sorgen, uns zu verlieren, meine Kinder und mich. Und es sei ihr wichtig zu wissen, dass wir Frankreich gegenüber loyal blieben. Eine Reaktion, die mir völlig absurd vorkam. So etwas erlebte ich in dem Sommer immer wieder, aber es störte mich nicht, denn mir gefiel, dass man mich nicht verlieren wollte. Natürlich war das übergriffig, aber auch irgendwie eine Bestätigung.

Es war absurd, dass sich jemand, den ich nicht näher kannte, Gedanken um den Pass meiner Kinder machte, aber es stimmte, dass meine Nachkommen vergessen würden, dass sie über mich Franzosen sind. Die Spuren meiner französischen Vergangenheit ließen sich leicht verwischen. Da ich deutsche Papiere besitze, besteht keine Notwendigkeit, meine französischen zu verlängern. Ich könnte es einfach unterlassen. Ich könnte auch nie wieder erwähnen, dass ich in Paris geboren bin. Ich könnte komplett aufhören, Französisch zu sprechen. Schon jetzt passiert es mir manchmal, dass ich wochenlang nicht in meiner Muttersprache spreche, bis auf die kleinen Anweisungen »va te laver les dents« und »fais de beaux rêves«, die meine Kinder als allabendliches Ritual nur auf Französisch kennen. Sie könnten aber auch leicht darauf verzichten, ihnen würde nichts fehlen. Würde ich ihr französisches Erbe nicht aktiv kultivieren, würde es in Vergessenheit geraten. Meine Kinder würden nichts von meiner Vergangenheit an ihre Kinder weitergeben können, bis auf die Erinnerung an die Ferien in Frankreich, sofern wir weiterhin jeden Sommer dorthin fuhren. Das ist vielleicht auch der Grund, warum die doppelte Staatsbürgerschaft nicht selbstverständlich ist. Manche Länder verbieten sie. In Deutschland ist sie erst seit 2014 möglich. Frankreich hat die doppelte Staatsbürgerschaft immer akzeptiert, allerdings konnte man zwischen 1963 und 2009 keine zwei europäischen Nationalitäten besitzen. Hätte ich in den Niederlanden, die ich 2009 verließ, die niederländische Staatsbürgerschaft beantragt, hätte ich meine französische verloren. Selbst als Nicolas Sarkozy gewählt wurde, wollte ich nicht auf meinen französischen Pass verzichten, und ich werde es ganz sicher nie tun. Allerdings merke ich auch, dass es schwierig ist, meine französische Identität lebendig zu halten. Vielleicht weil sie für mich schon immer problematisch war. Ich fühle mich ihr emotional verbunden, aber manchmal bin ich versucht, illoyal zu werden, das wäre meine Art der Revanche.

September

Mannheim

Im September 2017 waren Bundestagswahlen, und ich fragte mich, ob ich zur Wahl zugelassen war. Ich hatte niemanden gefragt, und auch Herr S. hatte nichts dazu gesagt, vielleicht weil es nicht seine Aufgabe war, mich darüber zu informieren. Jedenfalls ging ich davon aus, dass man mich zu gegebenem Zeitpunkt auffordern würde, mich in die Wahlliste der Kommune einzutragen, so wie man es in Frankreich ab der Volljährigkeit tut. Als ich ein paar Wochen vor der Wahl zwei große Briefumschläge aus meinem Briefkasten fischte, dauerte es einen Moment, bis ich begriff, was die Umschläge enthielten. Der eine der beiden offiziellen Umschläge der Stadt Mannheim war an meinen Mann, der andere an mich adressiert. Ich wurde zur Wahl aufgefordert! In Deutschland! Zu den Bundestagswahlen! Ich konnte es nicht fassen, meine Freude war noch größer als mein Erstaunen. Erst dann dämmerte mir, wie es zu diesem Wunder gekommen war. In Deutschland ist es Pflicht, seinen Wohnsitz anzumelden, und auf Basis dieser Adressen werden die Wahllisten erstellt. Wenn mein Sohn volljährig ist, wird auch er auf der Wahlliste unserer Kommune erscheinen. Nachdem ich die Staatsbürgerschaft erhalten hatte, war also mein Name automatisch auf diese Liste gesetzt worden. Ich hatte großes Glück gehabt, das wurde mir erst in jenem Moment klar. Denn den Zeitpunkt meiner Einbürgerung hatte ich ja eher zufällig gewählt, fast aus einer Laune heraus. Und glücklicherweise ging dann alles ganz schnell. Hätte ich nicht im Mai den Einbürgerungstest gemacht, sondern erst zwei Monate später, hätte ich die Wahl verpasst. Mir schien sogar, dass ich doppeltes Glück hatte. Denn ich landete ja nicht nur auf den letzten Drücker auf der Wahlliste, sondern wusste, als ich mich entschlossen hatte, die deutsche Staatsbürgerschaft zu beantragen, nichts von all diesen Terminen. Und das war gut so, denn der Termindruck hätte mich wahnsinnig gestresst.

Diese Wahl war wichtig, das war vielen bewusst, aber erst danach wurde deutlich, wie entscheidend sie war. In Deutschland sprach man von einem historischen Wendepunkt seit dem Krieg. Ich bin glücklich, fast stolz, dank meines Wahlzettels daran teilgenommen zu haben.

Ein paar Wochen vor der Wahl waren wir mit dem Auto unterwegs, und ich kommentierte die Wahlplakate am Straßenrand. Ich las die Slogans der extrem rechten AfD, der Alternative für Deutschland, laut vor und musste lachen. Was für ein Witz! Wen sollten diese populistischen, lächerlichen Schimpftiraden überzeugen? Wir alle kannten die Umfragen aus der Presse, und ich konnte mir nicht vorstellen, dass fünf Prozent der Millionen deutschen Wähler diese grobschlächtige Parodie einer politischen Partei ernst nehmen würden. Und dann lag am Wahlabend die AfD bei zwölf und mehr Prozent. Niemand war sonderlich erstaunt, aber mich haute es um, es haute mich mehr um als die zwanzig

Prozent für Marine Le Pen in Frankreich, denn in Deutschland macht die extreme Rechte wirklich Angst. Sicher aufgrund der Tatsache, dass es sich um eine deutsche extreme Rechte handelt. Das Echo der Vergangenheit ist stets gegenwärtig und man fragt sich, ob »es wieder anfängt«. Der Vergleich mit dem Aufkommen der nationalsozialistischen Partei in den 1920er Jahren liegt nahe. Viele halten es für fatal, das Aufkommen der extremen Rechten zu unterschätzen, wie es damals geschah. Ich kann nicht verhehlen, dass mir die AfD, die hinter ihrem eher sachlichen Namen ein barbarisches Gebrüll von sich gibt, Angst macht. Die Verbindung der Partei zu Neonazis wie der Pegida ist allseits bekannt, seit 2015 gehören in Ostdeutschland brutale Gewalt, brennende Flüchtlingsheime, geplünderte Buchhandlungen und Hunderte von Glatzköpfen auf den Straßen, die mit Hitlergruß über unsere Fernsehbildschirme ziehen, zum Tagesgeschehen.

Die deutsche Politik kränkelt seit der Wahl 2017, sie schleppt sich von Konflikt zu Konflikt, jeden Tag muss ein neues Feuer gelöscht werden, und jeder spürt, dass es böse enden könnte. Auch ich bin beunruhigt. Trotzdem war ich überrascht, dass ich in politischen Alltagsgesprächen die Rolle der Kapitänin übernahm, ich betonte, dass es nichts nützt, panisch zu werden, dass wir das Kap trotz schlechten Wetters schon sicher umschiffen würden. In Deutschland verhalte ich mich ganz anders als in Frankreich. Ich habe das Bedürfnis, die Deutschen zu beruhigen, die sich gern selbst geißeln und glauben, dass sich ihr Land in großen Stiefelschritten dem Faschismus nähert und sich hier die rassistischen Verbrechen der Vergangenheit wiederholen. Zu jener Zeit zirkulierte unter meinen Kollegen ein Artikel einer großen überregionalen Zeitung, in dem sich der Journalist beschwerte, dass es Deutschland nie gelungen sei, seine Migranten zu integrieren, und dass es immer noch keine Definition des »Deutschseins« jenseits ethnischer Kategorien gab. Meine Kollegen stimmten zu und waren zerknirscht. Mir scheint, die Deutschen sind immer schnell davon überzeugt, die schlimmste Nation der Welt zu sein, zumindest moralisch. Die Gespräche mit meinen Kollegen beende ich immer mit den Worten: »Aber es ist doch überall dasselbe!«, jedenfalls in Europa. Mich hingegen hatte der Artikel geärgert, weil Frankreich wieder einmal als Beispiel für eine gelungene multiethnische nationale Identität gepriesen wurde. Ich habe keine Ahnung, woher dieses Bild kommt. Der Mythos Frankreich wurde irgendwann einmal erfolgreich exportiert und von den europäischen Nachbarn übernommen, und weil offenbar niemand widerspricht, lebt er weiter. So wie in Deutschland der Mythos des monoethnischen, fremdenfeindlichen und selbstbezogenen Deutschlands weiterlebt.

Ich habe ganz andere Erfahrungen gemacht.

Und abgesehen von meinen persönlichen Erfahrungen gibt es Tatsachen. Zwanzig Prozent der Deutschen haben einen Migrationshintergrund. Eine weitere Statistik, die sich jeden Tag bewahrheitet, wenn ich meine Kinder von der Schule abhole, zeigt, dass vierzig Prozent der unter Fünfjährigen einen Migrationshintergrund aus den ehemaligen osteuropäischen Ländern, der Türkei und zunehmend aus Afrika haben.

Auch Angela Merkels Parlamentsrede nach der letzten Wahl ist ein Fakt. Sie schleuderte damals den Abgeordneten, den Ministern, den Journalisten und den Kameras entgegen, dass sich das deutsche Volk aus Menschen zusammensetzt, die in Deutschland leben. Das ist ein einfacher und eindeutiger Satz, aber vor allem eine Kriegserklärung an die AfD und die mutigste politische Äußerung, die ich seit langem gehört habe.

Conakry

Bei Gelegenheit erzählte ich meinen Klassenkameraden vom 15. Arrondissement gerne, dass mein Vater siebenundzwanzig Brüder und Schwestern hatte und mein Großvater vier Frauen. Ihre Reaktionen amüsierten mich auf etwas abartige Weise, und auf längere Sicht schadeten sie mir eher, aber ich konnte nicht anders, ich musste es erzählen, und jedes Mal zeigte es seine Wirkung. In den Gesichtern meiner Schulfreunde sah ich, dass sie meine kleine Erzählung (obwohl ich fast nichts von der Familie meines Vaters wusste) aufregend exotisch und zugleich abstoßend fanden und sich in ihren Köpfen zwangsläufig der Kolonialfilm abspulte.

Auch wenn ich mich interessant machen wollte, übertrieb ich nie, denn mein Vater hinterließ meinem Bruder und mir tatsächlich einen Haufen Tanten, Onkels, Cousins und Cousinen. Die anderen, die in Guinea geblieben sind, kennen wir nicht. Bedingt durch die Diktatur unter Sékou Touré in den 1960er Jahren ging ein beträchtlicher Teil der guineischen Bevölkerung in die Diaspora. In den 1970er und 1980er Jahren haben sich zahlreiche Tanten, Onkel, Cousins und Cousinen in Frankreich niedergelassen, fast alle in den Pariser Banlieues, in Chelles, Noisy, Sartrouville. Mein Vater nahm mich als Kind regelmäßig und nach der Scheidung meiner Eltern noch öfter mit zu den Verwandten, ich mochte diese Besuche nicht besonders. Ich verstand ihre Sprache nicht, ich langweilte mich und vor allem schämte ich mich. Ich wollte dieser Welt nicht angehören, ich fühlte mich fremd, und ich glaube, dass ich mich sogar fremd fühlen wollte.

Für eine merkwürdige Geschichte, die ich erzählen muss, habe ich mich noch lange danach geschämt. Ich weiß nicht mehr, wie alt ich genau war, da es aber nach der Scheidung meiner Eltern passiert ist, muss ich mindestens sieben gewesen sein. Zusammen mit meinem Vater und zwei Cousins saß ich im geparkten Auto in einer Pariser Straße, ich auf der Rückbank zwischen den Cousins, mein Vater hinter dem Steuer. Ein altes Paar kam vorbei und starrte uns lange an, ich empfand es als aufdringlich und erklärte mir ihre Dreistigkeit damit, dass sie sich vielleicht fragten, was ein weißes Kind umgeben von drei schwarzen Männern wohl in diesem Auto zu suchen hatte. Ein kurzer schizophrener Anflug. Als mir mein Vater Jahre später das Phänomen der Übertragung bei Kolonisierten erklärte, konnte ich ihm antworten, dass ich es bereits gut kannte.

Bei den Familienbesuchen überforderten mich vor allem die Umgangsformen, ich konnte sie nicht deuten, ich wusste einfach nie, ob ich mich richtig oder falsch verhielt. Weder konnte ich mich auf meine Intuition verlassen noch auf meine Erziehung, ich war orientierungslos. Eines Nachmittags machte ich eine meiner frühesten und schlimmsten Erfahrungen, wieder in Gegenwart zahlreicher Verwandter.

Ich fühlte mich inmitten der lebhaften Unterhaltungen, der vielen Gesichter, all der Namen, die ich das nächste Mal bestimmt wieder vergessen hatte, verschwindend klein, fast unsichtbar. Niemand beachtete mich, auch mein Vater nicht, was mir allerdings ganz recht war. Ich langweilte mich, und ab und zu richtete jemand ein freundliches Wort an mich, stellte mir die eine oder andere Frage oder setzte sich einfach neben mich, wie die Tante, die kein Französisch sprach und meine Hand hielt. Abends brachte mich mein Vater nach Hause, und ich dachte noch, dass diese Besuche eigentlich gar nicht so übel waren, als mein Vater mir mit ruhiger Stimme sagte, und ich hörte überhaupt keine Verärgerung in seinen Worten, dass ich mich nicht zu benehmen wisse und ihn an diesem Nachmittag blamiert hätte. Es war wie ein Schlag in die Magengrube, dabei wusste ich, dass mein Vater mich nicht verletzen wollte. Er konnte mir nicht sagen, bei welcher Gelegenheit ich gegen die Verhaltensregeln seiner Familie verstoßen hatte, denn für ihn waren diese Regeln so selbstverständlich, dass er sie mir nicht erklären konnte. Ich war verzweifelt. In der Schule konnte ich noch so mit der Sippschaft meines Vaters angeben, es blieb reine Angeberei. Keiner meiner Schulkameraden hat jemals an meiner guineischen Kultur gezweifelt, aber schlimmer war, dass mir diese Kultur genauso fremd war wie ihnen.

Seit dem Tod meines Vaters habe ich nur noch zu einem Cousin Kontakt. S. ist ein Cousin ersten Grades, seine Mutter ist eine der vier Schwestern meines Vaters von »derselben Mutter«. Sie ist eine sehr alte Frau und lebt noch im Geburtsort der Familie, ich habe sie nur zweimal in meinem Leben gesehen. S. ist ungefähr zwanzig Jahre älter als ich. Er ist in Guinea geboren und hat lange in den USA gelebt, bevor er sich in Frankreich, auch in einer Banlieue, niedergelassen hat. Er stand meinem Vater sehr nahe und ähnelt ihm in vielen Dingen. Ich hänge sehr an ihm, auch wenn wir uns nur selten sehen. Er ist der Einzige aus der guineischen Familie, den meine Kinder kennen.

Im Spätsommer 2017, im September, habe ich von meinem Bruder erfahren, dass die neue Frau von S. schwanger war. Er hatte vor kurzem wieder geheiratet, seine zwei anderen Kinder waren fast erwachsen. Seine zweite Frau hatte keine weiteren Kinder, sie war zu dem Zeitpunkt achtundvierzig. Es war eine Schwangerschaft wie ein Wunder. Wie viele Frauen, die ihr erstes Kind erwarten, war auch sie euphorisch und ängstlich zugleich und wollte ihre Mutter um sich haben, aber die lebte in Guinea, und das Visum war ihr verweigert worden. Mein Cousin C., S.s Bruder, der in Guinea lebte, teilte uns mit, die französische Botschaft in Conakry würde überhaupt keine Visa mehr ausstellen, für ausnahmslos niemanden. Keiner wusste, seit wann diese neue Regelung galt. C. organisiert alles für die Familie in Guinea, er kümmert sich und regelt verschiedenste Dinge für den einen oder anderen. Sein älterer Bruder S. mag noch so lange in Frankreich leben, es gibt trotzdem nur wenig, in das C. nicht eingebunden wäre. Von ihm kam die Idee, sich an die deutsche Botschaft zu wenden, um der Schwiegermutter seines jüngeren Bruders bei der Einreise nach Frankreich zu helfen. Es war auch seine Idee, mich um Unterstützung zu bitten. Tatsächlich wird ein Visum für Europa, auch wenn es nur ein Touristenvisum ist, nur dann bewilligt, wenn der Antragsteller von jemandem mit Wohnsitz in dem entsprechenden Land eingeladen wird. Diese Anfrage übermittelte mir mein Bruder im Auftrag von S. Zu jenem Zeitpunkt kannte ich die ganze Geschichte noch nicht. S. fragte lediglich, ob ich bereit wäre, die Mutter der Frau von S. einzuladen, um ihr ein Visum zu ermöglichen. Die Tatsache, dass S. mich nicht direkt darum bat, sondern meinen Bruder vorschob, machte mich stutzig, offenbar wollte S. mich nicht direkt um diesen großen Gefallen bitten. Welchen Nachteil konnte es haben, dieser siebzigjährigen Dame zu helfen, für neunzig Tage nach Paris zu kommen, um bei der Entbindung der Tochter dabei zu sein? Mein Bruder warnte, ich müsse dafür zum Bürgeramt meiner Stadt. Von Paris her wusste ich, dass so etwas eine Tortur ist, und hoffte, es in Mannheim einfacher zu haben.

Ich informierte mich im Internet, was zu tun war, um dieses Dokument zu bekommen, und stellte amüsiert, aber auch mit Unbehagen fest, dass ich mich an dieselbe Stelle wenden musste, bei der ich auch meine Einbürgerung beantragt hatte, also an die Ausländerbehörde und ganz konkret an das Ausländeramt in Mannheim. Eine Woche verstrich. Ich hatte die notwendigen Unterlagen dabei, meine letzten drei Gehaltsabrechnungen, den Kontoauszug mit den Eingängen des Kindergeldes, das wir beziehen, und ein Formular mit den erforderlichen Informationen (Daten der eingeladenen Person, Verwandtschaftsverhältnis zu der Person, Datum und Dauer des Besuchs). Und wieder begab ich mich zu Zimmer 204. Man konnte keinen Termin ausmachen, sicher stand draußen eine Schlange, ich war darauf eingestellt zu warten, kam aber sofort dran. Die Tür stand offen, und eine der beiden Büroangestellten – die ich noch nie gesehen hatte – saß hinter ihrem Schreibtisch und rief mir »ja?« zu, als sie sah, dass ich auf der Schwelle zögerte. Ich zwang mich zu einem Lächeln, trat näher und entspannte mich, als ich mich ihr gegenübersetzte. In aller Kürze erklärte ich, was ich wollte. Frau X bestätigte mir mit einem kurzen Kopfnicken, dass ich bei ihr richtig sei. Dann fragte sie ungeduldig: »Haben Sie alles dabei?« Etwas hektisch bejahte ich und zog meine Klarsichthülle hervor. Und wieder hatte ich das Gefühl, mich anzubiedern. Sie prüfte zunächst das von mir ausgefüllte Formular und fragte nach dem Alter meiner Kinder. Elf, fünf und zwei Jahre. Daraufhin zog sie eine laminierte Tabelle unter ihrer Tastatur hervor und führte ihren Kugelschreiber entlang einer Zeile von links nach rechts. »Um einen Ausländer einladen zu können, muss ein Mindestverdienst von soundso viel Euro im Monat nachgewiesen werden.« Das war eine schlechte Nachricht, ich hatte gerade meine Stelle reduziert, um nur wenige Wochenstunden, aber das reichte, um mein Gehalt knapp unter den erforderlichen Mindestverdienst zu drücken. »Sind Sie verheiratet?« Ich bejahte, und wenige Minuten später zog ich unverrichteter Dinge wieder davon, da ich auch die Gehaltsabrechnung meines Mannes vorlegen musste. Wir beide zusammen sollten immerhin in der Lage sein, einen Ausländer auf deutschen Boden einzuladen.

Eine Woche später hatte ich mit einer entschieden barscheren Dame zu tun, aber ich hatte alles beisammen und war zuversichtlich. Der Frau, der ich meine Unterlagen reichte, assistierte ein junges Mädchen, wahrscheinlich eine Praktikantin, die die Sachbearbeiterin wie bei einem militärischen Manöver anbellte. Im Laufe des Termins wurde diese Praktikantin zu meiner Verbündeten. Da die Einkünfte reichten, konnten wir dieses Mal zum nächsten Schritt übergehen. Wer war der Reisekandidat, in welcher Verbindung standen wir, und was war der Zweck der Reise nach Mannheim? Dummerweise antwortete ich zu spontan, sie würde die meiste Zeit ihres Aufenthalts in Paris bei ihrer Tochter wohnen. Die Dame verzog vorwurfsvoll das Gesicht. Aber warum beantragen Sie in Deutschland ein Visum, wenn die Eingeladene nach Frankreich reisen will, fragte sie? Ich zögerte lächelnd und erzählte ihr schließlich die Wahrheit, ich wollte sie für meine Sache gewinnen. Vor allem betonte ich, dass die französische Botschaft in Conakry keine Visa mehr ausstellte, überhaupt nicht mehr, niemandem, nicht mal Guineern, die beruflich nach Europa reisen mussten. Ein absoluter Skandal, eine Schande für Frankreich, fuhr ich fort, und deutete an, dass ich mir eine solche Ungerechtigkeit in Deutschland überhaupt nicht vorstellen konnte. Zugegeben, ein mieser Trick, mit dem ich auf die alte Rivalität zwischen den europäischen Nachbarn anspielen wollte, aber er funktionierte nicht. Sie reagierte als Europäerin und solidarisierte sich mit der französischen Migrationspolitik gegen den afrikanischen Ansturm der Unkultivierten und Armen. »Natürlich kann man nicht alle reinlassen, sonst hört das ja nie auf.« Zum Glück beherrschte ich mich, blieb freundlich und erinnerte daran, dass es sich in diesem Falle um ein Touristenvisum handelte, für höchstens neunzig Tage. Aber offenbar begriff diese Angestellte vom Bürgeramt nicht, dass eine Guineerin tatsächlich auch einmal nur Touristin sein konnte und nicht in Not war, weder in großer Bedrängnis noch eine halbe Lügnerin, die es sich mit betrügerischen Mitteln im Eldorado Europa gut gehen lassen will. Die Tatsache, dass Afrikaner selbst ein dreimonatiges Touristenvisum für Frankreich oder Deutschland nur sehr schwer bekommen, legt die Vermutung nahe, dass unser kollektives Bewusstsein in der Weise funktionieren und uns denken lassen soll, bei Afrikanern handele es sich grundsätzlich um eine Horde abgerissener Eindringlinge, die uns um unsere Reichtümer beneiden, um eine Meute, die wir in Schach halten müssen und von der wir nur ein paar wenige reinlassen dürfen, und das nur nach und nach, und auch erst dann, wenn sich jeder Einzelne als glaubwürdig erwiesen hat. Statt mich weiter bei diesem Drachen anzubiedern, fragte ich sie schließlich, ob man sich nicht doch auf eine Einladung einigen könne. Mein Gast würde über Mannheim nach Europa einreisen und hätte durchaus das Recht, sich im Schengen-Raum frei zu bewegen, jedenfalls lautete so das Gesetz. Sie erwiderte, dass wir Probleme bekommen würden, sollten wir lügen, sie konnte aber nicht genau sagen, welche Probleme sie meinte. Ich ließ mich jedoch nicht einschüchtern, außerdem log ich gar nicht.

Am Ende erhielt ich das Dokument und schickte es meinem Cousin nach Paris, der kurz darauf nach Conakry flog. Er reiste regelmäßig nach Guinea, wie mein Vater gegen Ende des Sékou-Touré-Regimes Mitte der 1980er Jahre. Mein Vater weigerte sich allerdings lange, mich und meinen Bruder mitzunehmen. Das Land sei in einem katastrophalen Zustand, urteilte er, wir würden einen schlechten Eindruck bekommen. Er wollte uns seine Heimat erst zeigen, wenn sie sich wieder erholt hatte. 2003 war es so weit, und so entdeckten wir mit ihm zusammen Guinea. Ich war siebenundzwanzig und setzte zum ersten Mal den Fuß in das Land, in dem mein Vater geboren und aufgewachsen war. Das galt auch für meinen Bruder, der vierunddreißig war. Es war ein Schock. Wir kannten Dakar im Senegal, die Elfenbeinküste, in diese beiden Länder waren zahlreiche Guineer während der Diktatur geflüchtet. Außerdem war ich ein paarmal allein in Südafrika, Mosambik und Botswana gewesen. Ich kannte einige afrikanische Städte. Aber keine war wie Conakry. Es ist die härteste Stadt der Welt, so jedenfalls ist mir Conakry von meinem ersten Besuch in Erinnerung geblieben. Überall waren Soldaten mit Maschinenpistolen vor der Brust, die Korruption war allgegenwärtig und bedrohlich, die Polizei war aggressiv, hielt uns mitten auf der Straße an und ließ uns erst nach endlosem Palaver wieder gehen. Überall waren monströse, riesige Staus, die klimatisierten Restaurants waren voll mit europäischen Geschäftsleuten, das Essen so teuer wie auf den Champs-Élysées in Paris, und das in einem der ärmsten Länder der Welt. Und meine Cousins und Cousinen und deren Freunde, alles junge Leute, fragten uns, kaum hatten wir uns kennengelernt, ob wir ihnen helfen könnten, nach Frankreich zu kommen. Der einzige heitere Abend, an den ich mich erinnere, war das Fest des 14. Juli, den wir in der französischen Botschaft feierten. Mein Vater und ich hatten bis zum Morgen getanzt, und ich war schließlich leicht angetrunken in voller Montur im Swimmingpool gelandet, umringt von Guineern, französischen und belgischen Auswanderern, die Stimmung war wie in einem Club Med. Es war ein privater Abend für Privilegierte, und es war einer der schönsten, heitersten und ausgelassensten Abende, die ich je mit meinem Vater erlebt habe.

Unser Aufenthalt in Guinea sieben Jahre später war viel schlimmer. Wir wollten unseren Vater beerdigen, der völlig unerwartet einige Tage zuvor in Conakry gestorben war. In diesen Tagen habe ich das Land nur durch einen Tränenschleier gesehen. Schon bei der Landung spürte ich fast physisch, dass ich es nicht aushalten würde, hier ohne meinen Vater zu sein, er hatte mich durch das Land geführt, für mich übersetzt, was ich hörte und sah, er hatte mich ganz einfach beschützt. Ich weinte bei der Ankunft und hörte bis zu unserem Abflug nicht wieder auf. Ich war wütend auf ihn, er war einfach gegangen, und das in Conakry, wo er um keinen Preis sterben wollte, weil er wusste, dass seine Familie uns nicht erlauben würde, seinen Leichnam nach Frankreich zu überführen. Weder mein Bruder noch ich haben darauf bestanden, wir waren viel zu niedergeschlagen und durcheinander. Also wurde unser Vater in seinem Geburtsort, ungefähr fünf Autostunden von Conakry entfernt, in heimatlicher Erde und gemäß der muslimischen Tradition dieser Gegend beerdigt: Kein Sarg, kein Grab, denn wer aus Erde genommen wurde, soll demütig wieder zu Erde werden. Selbst wenn ich den Wunsch hätte, an seine Ruhestatt zu treten, ich könnte es nicht. Ich würde ihn nicht finden.

Seitdem bin ich nie wieder nach Guinea zurückgekehrt. Ich würde gerne mit meinen Kindern dorthin fahren, aber bis jetzt hatte ich nicht den Mut dazu. Wie mein Vater habe ich Angst, ihnen Afrika, ihnen ihr und mein Erbe zu verleiden. Denn meine Kinder wachsen in Europa auf und sind wie ich von den rassistischen Vorstellungen geprägt, die uns aus einem anderen Jahrhundert übermittelt worden sind. Wie soll ich verhindern, dass sie das Land ihres Großvaters aus dieser Perspektive sehen? Deswegen ist mir auch der regelmäßige Austausch mit meinem Cousin S. so wichtig. Bevor meine Kinder Guinea entdecken, bemühe ich mich von Zeit zu Zeit, Guinea zu ihnen zu bringen.

S.s Tochter ist einen Monat vor dem Geburtstermin auf die Welt gekommen. Er hat mir ein Video geschickt, sie ist winzig. Die Mutter seiner Frau konnte letztendlich nicht kommen, die deutsche Botschaft hatte ihr das Visum verweigert.

November

Amsterdam

Als junge Erwachsene habe ich zwölf Jahre in den Niederlanden gelebt, ich habe das Land wütend verlassen, aber trotzdem ist es ein Teil von mir. Ich möchte immer noch mitbekommen, was dort geschieht, obwohl es mich krank macht. In den letzten Jahren sind die Niederländer in einen rassistischen Populismus abgeglitten. Lange noch hatte ich Freunde und Bekannte in Amsterdam, darunter einige Architekten, die ich über meinen Mann kennengelernt hatte, der selbst Architekt ist. Sie sind alle gebildet, reflektiert und interessiert. Trotzdem habe ich mit fast allen gebrochen. In diesem Land sind alle verrückt geworden, oder vielmehr verblödet.

Im November 2017 habe ich aus der Ferne eine unfassbare Debatte verfolgt, ich war gerade erst Deutsche geworden. Die niederländische Gesellschaft hatte sich zusammengeschlossen, um sich den Attacken eines inneren Feindes, der Gegner des *Zwarte Piet*, von dem ich weiter oben gesprochen habe, zu widersetzen. In den letzten Jahren wurde gelegentlich darüber gestritten, die meisten Niederländer zeigten allerdings wenig Interesse daran. Das änderte sich an dem Tag, als die *Zwarte Piet*-Gegner laut wurden und in die Presse kamen. Nikolaus ist in den Niederlanden so wichtig wie Weihnachten in Frankreich. Jedes Jahr Ende November zieht

Sankt Nikolaus durch die Straßen des ganzen Landes, und seit einigen Jahren sorgen hier und da antirassistische Gegendemonstrationen für Rabatz. Sankt Nikolaus wird von seinen Bediensteten, den »Mauren«, begleitet, denn eigentlich stammt er aus dem Spanien des 15. Jahrhunderts. Jedes Jahr verkleiden sich aus diesem Anlass Hunderte weiße Niederländer als *blackface*, sie tragen schwarze Lockenperücken, ihre Gesichter sind schwarz geschminkt, die Lippen rot und lächerlich dick, und sie tragen goldene Kreolohrringe. Als ich das erste Mal diesen Aufzug sah, hat es mich fast umgehauen, ich war peinlich berührt. Allerdings konnte keiner meiner Bekannten auch nur im Geringsten mein Befremden nachvollziehen. Die Niederländer sind meiner Ansicht nach überhaupt nicht bereit, sich mit ihrer Kolonialvergangenheit und dem fortbestehenden Rassismus auseinanderzusetzen. Sie sehen sich als kleine sympathische, fortschrittliche, tolerante und eher künstlerische Nation. Sie zeigen keinerlei Anzeichen von schlechtem Gewissen oder irgendeine Art Anstrengung, sich mit ihrer kolonialen Vergangenheit, vor allem in Indonesien, zu befassen. Die Deutschen senken den Blick und halten noch ihre linke Wange hin, wenn ihnen Rassismus vorgeworfen wird. In Deutschland gibt es eine Bereitschaft, zu verstehen und nachzuvollziehen, zu revidieren. Nicht in den Niederlanden. Die weißen Niederländer erklären sich gern für *colour blind* und behaupten lautstark, es gebe keine Unterschiede; wie oft wurde mir gesagt: »Du bist wirklich eine von uns.« Sie verwenden unterschiedslos die Adjektive »niederländisch« und

»weiß«, als wären diese Zuschreibungen absolut identisch, was ich regelmäßig thematisierte, aber jedes Mal stieß ich gegen eine Mauer aus Granit. In Amsterdam spricht man offiziell von »schwarzen« und »weißen« Schulen, Erstere sind Schulen mit einem hohen Anteil an Migrantenkindern. Niemand sieht ein Problem, wenn sich jedes Jahr die Straßen mit lächerlichen lebenden Marionetten füllen, die die vermeintlich afrikanische Physiognomie darstellen sollen. In den Niederlanden kann man nicht über Rassismus sprechen, er wird negiert, und wenn man es tut, reagieren die Niederländer ungläubig und misstrauisch, und in letzter Zeit immer öfter aggressiv. Im November 2017 wurde das ganze Land zum Zeugen dieser Form von Aggression, als in der Kleinstadt Dokkum (Friesland) parallel zum Sankt-Nikolaus-Umzug eine antirassistische Demonstration gegen den *Zwarte Piet* stattfand. Die antirassistischen Demonstranten kamen aus allen Ecken Hollands, vor allem aus Amsterdam, und noch bevor sie sich in Dokkum versammeln konnten, hatten sich bereits Pro-*Zwarte-Piet*-Aktivisten zusammengefunden, tatsächlich Neonazi-Hooligans. Am Ende verbot die völlig überforderte Polizei in letzter Minute ausgerechnet die antirassistische Demonstration. Eine symbolträchtige Entscheidung. Fassungslos habe ich diesen Tag im Internet verfolgt. Weiter oben habe ich erwähnt, dass mir von meinen niederländischen Freunden keiner geblieben ist, das stimmt nicht ganz. Ich bin immer noch befreundet mit einer Handvoll Leute, die sich im antirassistischen Kampf engagieren. Einige sind sogar sehr engagiert, und alle sind in den sozialen Medien aktiv. Ich lese ihre Kommentare, beteilige mich aber nicht an der Diskussion, vor allem, weil mir diese Art direkter Meinungsäußerung, das unmittelbare Kommentieren, nicht passt, aber auch, weil ich Angst vor der verbalen Gewalt habe, die Plattformen wie Twitter, von allen die politischste, beschmutzt. Mir scheinen die Attacken, denen in den Niederlanden nicht-weiße Kritiker und Intellektuelle ausgesetzt sind, wenn sie die eine oder andere Form von Rassismus anprangern, direkt aus dieser teuflischen Höhle der sozialen Medien zu kommen. Und wenn ich meine, ich hätte den schlimmsten Kommentar gelesen, ist der darauffolgende noch schlimmer.

Es stimmt nicht ganz, dass ich in meinen Amsterdamer Jahren nie mit Gewalt konfrontiert gewesen war. 1998 bin ich in die Niederlande gegangen, da kam der rassistische Populismus gerade auf, er richtete sich vor allem gegen Muslime, und damals war der Wortführer der Populisten Pim Fortuyn. Anfangs fiel er nicht besonders auf, er war ein bisschen lächerlich. Aber man wusste ja nicht, dass Geert Wilders folgen und ins Parlament gewählt werden würde und dass seine Äußerungen, die selbst Fortuyn in den 1990er Jahren schockiert hätten, zwanzig Jahre später von einer Mehrheit der Niederländer gutgeheißen werden würden. Schon am Anfang meiner niederländischen Zeit war mir aufgefallen, dass man das Thema »Rassismus« generell verdrängte. Eine meiner Universitätskolleginnen, eine schwarze Amerikanerin, gestand mir eines Tages, dass sie es nicht mehr lange in diesem Land aushalten würde, obwohl sie das Leben in Amsterdam liebte, aber es machte sie verrückt, dass man nicht über Rassismus sprechen konnte. Sie benutzte die Wendung *crazy making*. Und sie hatte recht.

Die Geburt meines Sohnes war ein Wendepunkt. Ich wollte nicht, dass er in Amsterdam groß wird. Kurz nach seinem zweiten Geburtstag haben wir die Niederlande verlassen, mein Entschluss wegzugehen war aber schon bei seiner Geburt gefallen. Ich erinnere mich, dass meine damaligen Kolleginnen traditionsgemäß vorbeikamen, um den Neugeborenen zu begrüßen. Er war eine Woche alt, und eine der Kolleginnen fragte mich über die Wiege gebeugt: »Aber welche Hautfarbe hat denn nun das hübsche Baby?« Etwas überrascht erwiderte ich, dass sie es doch sehen könne, sie stünde doch nur wenige Zentimeter vor dem Kind. Aber als mich auch die anderen erwartungsvoll ansahen, wurde mir klar, dass ich ihnen mitteilen sollte, welcher Farbkategorie mein Sohn, der an seinen ersten Tagen weiß wie ein Laken war, den Rest seines Lebens zuzuordnen wäre. Ich wusste nicht, was ich sagen sollte, und eine der Kolleginnen sprang ein und sagte: »Er ist ein kleiner Marokkaner.« Das war so lächerlich, dass ich nichts erwidern konnte. Vor Jahren hat mir meine Mutter eine ähnliche Anekdote erzählt. Mein Bruder war noch klein, in einem seiner ersten Schuljahre, als eine Lehrerin sie zu sich rief, er würde sich auffällig häufig mit anderen Jungen prügeln. Sie hatte noch hinterhergeschoben, dass sie das nicht erstaunen würde, ein solches Verhalten hätte sie bei Kindern von den Antillen oft beobachtet. Mein Bruder ist wohlgemerkt genauso wenig von den

Antillen wie mein Sohn marokkanisch. Aber die Lehrerin des 15. Pariser Arrondissements beharrte auf ihrer Meinung, ihr Schüler sei von den Antillen, obwohl die eigene Mutter dies verneinte und erklärte, der Vater ihres Sohnes sei Westafrikaner. Das war lustig und zugleich erschütternd, was sich auch in dem etwas verzerrten Lächeln meiner Mutter widerspiegelte, als sie diesen grotesken Wortwechsel wiedergab.

Wie dem auch sei, jedenfalls wollte ich nicht, dass mein Sohn als »Marokkaner« in den Niederlanden aufwächst, und entschied, nicht zu bleiben. Ich habe diese Entscheidung nie bereut, und obwohl ich nicht mehr dort lebe, mache ich mir um die politische Zukunft des Landes Sorgen, insbesondere um die zunehmende populistische Gesinnung in der Bevölkerung und im Parlament. Ähnliche Entwicklungen in anderen kleineren Ländern Nordeuropas wie Dänemark und Schweden finde ich genauso erschreckend. Eins nach dem anderen erliegen die europäischen Länder dem Populismus. Ich frage mich, wo und wann dieser Dominoeffekt zum Stillstand kommt.

Februar

Berlin

Herr S. hatte es angekündigt. Eines Tages erhielt ich eine E-Mail vom Mannheimer Bürgermeister, der mich zur Begrüßungszeremonie für die neuen deutschen Mitbürger einlud. Alle im Jahr 2017 neu Eingebürgerten sollten ganz offiziell begrüßt werden. Man bat um eine Antwort innerhalb der nächsten zwei Wochen sowie um Angaben zu den Begleitpersonen. Ich durfte zwei mitnehmen und habe meinen Mann und eine Freundin ausgewählt, eine türkischstämmige, in Hamburg geborene Deutsche. Sie wurde erst im vorgerückten Alter eingebürgert, weil das Ius soli erst seit 2000 in Deutschland gilt.

Die Zeremonie fand im Mannheimer Schloss statt, einem Barockgebäude mitten in der Stadt, in dem sich heute die Universität befindet. Ich machte mir Sorgen, die Zeremonie könnte pathetisch werden und ich müsste weinen, aber der Abend war wunderbar schlicht und zugleich sehr intensiv. Als wir im Stehen die Nationalhymne sangen, musste ich dann doch ein bisschen weinen. Das passiert mir auch, wenn ich die *Marseillaise* singe. Ich bin sehr empfänglich für diese Art schlichter kollektiver Gefühle. Es gab verschiedene Reden, dazwischen sangen zwei sehr junge Sängerinnen mit wunderschönen warmen Stimmen, die Musik zwischen den

Reden gab Zeit zum Durchatmen. Der Bürgermeister betrat als Letzter die Bühne. Ich sah ihn zum ersten Mal leibhaftig, er war sehr groß, auch sein Umfang, er wirkte eher eindrucksvoll als anmutig, sehr ernst, ja fast streng. An seine Rede erinnere ich mich nur bruchstückhaft, allerdings haben sich mir seine Schlusssätze eingeprägt. Deutsch zu werden, so seine Worte, bedeutet auch, die schwere Vergangenheit dieser Nation zu akzeptieren, die besondere Verantwortung eines jeden Bürgers dieses Landes, der Vergangenheit ins Gesicht zu sehen, sie nicht zu negieren, sie im Gedächtnis zu behalten und über sie zu wachen, jeder nach seinen Möglichkeiten, damit sie sich nicht wiederhole. Diese Worte überraschten niemanden und waren bewegend, weil sie so nüchtern und ernst ausgesprochen worden waren. Es waren Worte der Demut. In Frankreich würde man in so einem Rahmen einen solch schlichten Ton niemals hören.

Nach den Vorträgen gab es ein Diner, ein riesiges Buffet mit türkischen Spezialitäten. Das Essen wurde im großen Saal des Schlosses serviert, und dort traf ich zufällig eine bekannte Familie. Ein Paar mit ihrer Tochter, die mit meiner dieselbe Schule besuchte. Den Vater sah ich an dem Abend zum ersten Mal, er war der Eingebürgerte. Er war Spanier und lebte seit ungefähr acht Jahren in Deutschland und hatte sich entschlossen, den Schritt zu wagen. Fast eine Stunde lang redeten wir über alles Mögliche, und als sich der Abend dem Ende neigte (nur noch vereinzelte Gruppen waren im Saal), kam er auf Katalonien zu sprechen, wo er groß geworden war und wo seine Familie und deren Freunde seit Monaten erbittert miteinander zerstritten waren. Er deutete an, dass er unter anderem auch deswegen Deutscher geworden sei, weil er sich von diesem nicht nachvollziehbaren Nationalismus distanzieren wollte, für den er kein Verständnis hatte. Der Gewalt, die alles auf plumpe Gegensätze reduziert, wollte er die Komplexität und Vielfalt des Lebens entgegensetzen.

Gleich nach der Zeremonie beschloss ich, mit meinem Sohn ein Wochenende in Berlin zu verbringen. Berlin ist seine Hauptstadt, und mit elf kannte er sie noch nicht. Ich konnte ihn mit der Aussicht auf eine große Ausstellung zu Donald Duck gewinnen, mein Sohn ist ein absoluter Fan. Am Ende waren wir nur wenige Stunden in der Ausstellung, die meiste Zeit dieses Wochenendes aber draußen. In der deutschen Hauptstadt befindet sich das Wesentliche unter freiem Himmel. Es war kalt, aber außergewöhnlich sonnig für ein Berliner Winterwochenende. Wir sind viel gelaufen und waren beide von der Dimension der Stadt beeindruckt. Berlin ist eine nüchterne Stadt, die umso mehr beeindruckt, je weniger sie zu gefallen sucht. Berlin ist selbstbewusst, die Stadt will einen nicht verführen.

Natürlich haben wir uns die Mauer angesehen. Im Zug hatte ich meinem Sohn vom Checkpoint Charlie erzählt. Die Geschichte der Mauer und der Teilung kannte er noch nicht. Ich bin nicht in die Tiefe gegangen, weil ich dachte, dass er es sowieso bald in der Schule durchnehmen würde, außerdem fand ich mich nicht die richtige Person dafür. Die Geschichte Deutschlands ist nicht ausreichend genug meine eigene.

Vom Checkpoint Charlie und den Mauerresten waren es nur ein paar Schritte zum Museum der »Topographie des Terrors«, auch das liegt teilweise unter freiem Himmel, und der Eintritt ist frei. Die auf den Ruinen des Gestapo-Hauptsitzes errichtete permanente Ausstellung ist ein Parcours. Wir sind die Fotografien und Zeitungsartikel aus der Zeit der Nazi-Propaganda von 1933 bis Kriegsende entlanggegangen. Bestimmte Teile habe ich ausgelassen, weil ich fand, dass mein Sohn noch zu jung war, um mit den Bildern vom Holocaust konfrontiert zu werden. Ich habe ihn in der Ausstellung beobachtet, er war interessiert, er schien entsetzt und ungläubig. Für ihn war das, was er sah, Fiktion, denn das Deutsch, das er auf den Propaganda-Anschlägen las, war veraltet, und den ungeheuerlichen Unsinn der Nazi-Slogans, überhaupt den ganzen Krieg konnte er nicht mit seiner Welt in Verbindung bringen.

Am Sonntag nahmen wir die U-Bahn zum Denkmal für die ermordeten Juden Europas. Im Juni desselben Jahres hatte ich Yad Vashem besucht und die emotionale Kraft der Gedenkstätte für die Opfer der Shoah erlebt. Von außen wirkte das Berliner Mahnmal auf uns völlig emotionslos. Ungefähr dreitausend Stelen aus grauem Beton, vertikale Särge für Riesen unterschiedlicher Höhe, manche mehr als vier Meter hoch. Mein Sohn und ich sind sozusagen eingetreten, ohne den Eindruck zu haben, irgendwo wirklich eingetreten zu sein. Auf dem Gehsteig inmitten des Verkehrs sind die ersten Stelen niedrig und stehen weit voneinander entfernt. Wir unterhielten uns ganz normal, es gab keinen Übergang zwischen der Banalität, aus der wir kamen, und der Schwere, die wir würdigen wollten. Das Erste, was meinem Sohn auffiel, war, dass der Boden unter unseren Füßen wellig war. Und dann wurden die Stelen immer höher und die Durchgänge immer enger, so dass wir irgendwann nicht mehr nebeneinander gehen konnten. Plötzlich war ich bedrückt, meine Kehle schnürte sich mir zu, und dann geriet ich in Panik. Ich wollte meinen Sohn von diesem Ort wegbringen. Er sagte nichts mehr. Ich fragte ihn, ob er gehen wolle, und er antwortete nur »Ja«.

Am Abend nahmen wir den Zug zurück nach Mannheim. Wir waren beide müde und haben wenig gesprochen, mein Sohn ist in seinem Sitz schnell eingeschlafen. Mir gefiel der Gedanke, unseren ersten gemeinsamen Berlinbesuch als eine Art Übergangsritual zu sehen, für ihn wie für mich. So wie ich ihm an Wochenenden und in den Ferien Paris und Frankreich nahebringe, wollte ich ihn beim Kennenlernen Deutschlands begleiten. Ich habe in Deutschland natürlich eine andere Rolle, weil Deutschland nie ganz mein Land sein wird, aber es ist sein Land, so wie Frankreich meins ist.

Ich hatte ihm erklärt, dass das Mahnmal der Toten, der Opfer des Krieges gedenkt, damit man sie nicht vergisst. Einen Vortrag zum Holocaust, zur rassistischen Auslöschung würde ich ihm später halten. Und ich bin sehr gespannt, wie dieses Thema in den Gymnasien auf der deutschen Seite des Rheins behandelt wird. Die Deutschen meiner Generation, der meines Mannes, haben, wie sie sagen, eine regelrechte Ausbildung bezüglich des Holocaust und der Verbrechen ihrer Vorfahren durchlaufen. Das Gefühl der Schuld gehört zu ihrer Identität und zu der ihrer Eltern, die erst als Erwachsene die Erinnerungsarbeit zusammen mit ihren Kindern begonnen haben. Das Wissen um die eigene Schuld an diesem einzigartigen Verbrechen hat den Lauf der europäischen Geschichte verändert, es ist zu einem elementaren Bestandteil der deutschen DNA geworden. Was bedeutet das für die nächste Generation, die Generation meiner Kinder? Wie wird man von der Nazi-Vergangenheit im künftigen multiethnischen Deutschland, das bereits jetzt beginnt, erzählen? Werden sich meine Kinder für den Holocaust verantwortlich fühlen, sie, die wie ein Großteil der neuen Deutschen eventuell Opfer des Nazi-Regimes gewesen wären?

Deutschland hat sich verändert, es verändert sich weiter und wird sich in der nahen Zukunft noch mehr verändern. Auch deshalb, weil es dem Land gelungen ist, eine nationale Erzählung des Wiederaufbaus zu erschaffen, die sich nicht auf nationalen Stolz beruft, sondern auf Liebe zur Demokratie und zur Offenheit. Deshalb sehe ich die Möglichkeit einer vielversprechenden Zukunft für eine multiethnische Gesellschaft, die sich auch als solche bekennt. Den Deutschen mag es paradox erscheinen, aber ich sehe Deutschland als Vorreiter. Würde mein Vater das lesen, würde er schallend lachen. Aber wenn ich die Wette gewinne, wäre er glücklich, mir Recht geben zu können.

Epilog

In dem Moment, da ich diese Zeilen schreibe, sind die »Bleus« Weltmeister (im Fußball), Frankreich erlebt wieder einmal die Euphorie des »Black-blanc-beur«,* der Multiethnizität ihrer Gesellschaft, alle lieben sich, »Es lebe die Republik« wird mit dem Akzent der Banlieue gebrüllt, die Masse der stillen und patriotischen Migranten tritt aus dem Schatten heraus und jubiliert in den Straßen vor laufender Kamera. Der neue Held meines Sohnes heißt Mbappé, von dem er begeistert sagt: »Und er sieht mir auch noch ähnlich!« In der Schule erzählt er mit dem für ihn altersgerechten Opportunismus jedem, dass seine Mannschaft gewonnen hat. Die »Mannschaft« und die deutsche Fahne interessieren ihn nicht mehr. Auch ich bin in diesen Tagen sehr bewegt. Allerdings nicht so euphorisch wie die anderen. Ich traue der Euphorie nicht ganz.

In Deutschland geschieht in diesem Moment eine ganz andere Geschichte. Die »Mannschaft« hat schändlich verloren, und wen macht das Land dafür verantwortlich? Einen

---

* Beur: Beurette ist ein Ausdruck für Araber, insbesondere nord-afrikanischer Herkunft. In den 1980er Jahren entstand der Ausdruck *Black, blanc, beur* (*Schwarz, weiß, arabisch*) in An-lehnung an das *Bleu, blanc, rouge* der Trikolore.

der wenigen Spieler mit Migrationshintergrund. Journalisten, Kommentatoren, meine Kollegen und Freunde, alle sind sich einig, dass er seine Mannschaft verraten hat. Ich kann nicht beurteilen, was man ihm als Fußballspieler vorzuwerfen hätte, aber es ist nicht zu überhören, dass man ihm Landesverrat vorwirft. Auch in Deutschland treten die Migranten aus ihrem Schweigen, allerdings um ihrer Frustration Ausdruck zu verleihen, weil sie angeblich kein Recht haben, Fehler zu machen, in dem Moment, in dem du verlierst, bist du nur noch »der Türke«. Innerhalb weniger Tage gab es Zehntausende Tweets unter dem Hashtag #MeTwo. Deutsche, deren Eltern, Großeltern, Urgroßeltern woanders als in Deutschland geboren wurden, erzählten von ihren Erfahrungen mit Alltagsrassismus, mit subtilem bis ganz offenem Rassismus. Ich lese die Tweets und erkenne vieles aus meiner eigenen französischen Kindheit wieder. Ich verstehe ihr Bedürfnis, sich mitzuteilen, sehr gut, ich kann nachempfinden, wie gut es tut, ja wie glücklich es machen kann, unter sich zu sein, mit Leuten mit denselben Erfahrungen zu sprechen, die niemand sonst versteht und die daher tabu sind. Für diese Dinge ist das Internet großartig. Außerdem kann es manchmal auch sehr lustig sein, mit Hunderten Albernheiten auszutauschen. Das Internet bietet aber nicht nur die Möglichkeit, sich mit Seinesgleichen zu verbünden, sondern auch über Dinge zu sprechen, die sonst nie an die Oberfläche gekommen wären. Für die meisten meiner deutschen Freunde war dieser Tweetaustausch eine Offenbarung, im direkten Gespräch hätten sie diese Dinge nicht geglaubt und sie eher banalisiert, was daran liegt, dass eine Debatte im Netz manchmal viel komplexer werden kann. Außerdem wird der Einzelne gehört, was sonst nicht möglich ist. Das Resultat war, dass die Presse das Thema dieser Twitterdebatte aufgriff und damit weitere Debatten in Fernseh-Talkshows anstieß. Das war beeindruckend. Das ganze Land befragte sich und diskutierte. In dieser Debatte ging es aber nicht um Immigration, um die Armen, die Muslime, die uns überrennen und uns »verdrängen« wollen. Es ging um das Selbstverständnis jener Deutschen, sie sich in ihrem Geburtsland immer noch nicht zu Hause fühlen, obwohl Deutsch ihre Muttersprache ist und obwohl sie den deutschen Pass besitzen. Nun hörte man ihnen endlich einmal zu. Ich fragte mich, warum diese Debatte erst jetzt auf den Tisch kam, und vor allem, was wir daraus lernen könnten.

Deutschland befindet sich in einer Phase grundlegender Veränderung; am Anfang war die Nachkriegszeit mit der Zerschlagung des Faschismus, dann kam Gewöhnung an die und die Identifizierung mit der Demokratie, danach die Wiedervereinigung, dann die multikulturelle Gesellschaft. Ich wundere mich, dass wir Franzosen Deutschland so spießig fanden, als wir jung waren. Wir haben heute in Deutschland die Möglichkeit, etwas zu erschaffen. Und ich frage mich, warum dieses Land, das einst das Labor des Grauens war, nicht eine europäische, wahrhaft multiethnische Zukunft haben sollte. Warum sollten wir nicht eine Gesellschaft werden, in der Kosmopolitismus, Diversität, Komplexität wieder positive Werte sind? In diesem Moment sehe ich keinen Grund, nicht daran zu glauben. Also glaube ich daran.

Inhalt

Die Originalausgabe erschien 2019 unter dem Titel *Fille de France*
bei Climats, un département des Éditions Flammarion.

Konzeption|Gestaltung: Antje Haack|www.lichten.com
Satz|Herstellung: Büro für Gedrucktes, Beate Zimmermanns
Einbandillustration: Antje Haack
Reproduktion: Frische Grafik, Hamburg
Druck und Bindung: CPI – Clausen & Bosse, Leck
Printed in Germany
ISBN 978-3-946334-91-0